SENZA PAROLE

100 gesti degli italiani

Pierangela Diadori

SENZA PAROLE

100 gesti degli italiani

2ª edizione

Bonacci editore

Un ringraziamento particolare a:

Fabio Gambassi, per le illustrazioni;

Professor Alessandro Falassi, dell'Università per Stranieri di Siena, per l'aiuto, la stima e l'incoraggiamento a realizzare questo lavoro;

Professor Diego Carpitella, dell'Università «La Sapienza» di Roma, per i preziosi consigli sull'argomento «cinesica»;

Professor Fernando Poyatos, della «University of New Brunswick» di Fredericton (Canada), per la revisione della bibliografia;

tutti gli amici che hanno rivisto il manoscritto, contribuendo ad integrarlo e a migliorarlo.

Bonacci editore
Via Paolo Mercuri, 23 - 00193 Roma
(ITALIA)
Tel. 06/68300004 - Telefax 06/6540382

ISBN 88-7573-226-4

Dedicato a
Duccio
(con il gesto n. 57)

INDICE GENERALE

PRESENTAZIONE

Geroglifico magico, espediente retorico, segno ieratico, atto rituale, fatto teatrale, il gesto aveva conquistato e mantenuto un importante status nelle religioni e nelle arti quando di esso iniziarono ad occuparsi i filologi e poi gli antropologi e i linguisti.

Nella prima metà dell'Ottocento il De Jorio cercò nei gesti napoletani un'archeologia della mimica antica, quella della *koinè* grecoromana e alla fine del secolo l'abate Bouche studiò in Africa la mimica tribale come parte del linguaggio. Marcel Mauss nei suoi scritti terminali sulle tecniche del corpo considerò il gesto nei suoi aspetti relazionali e non di significazione, proponendone una doppia classificazione e auspicando addirittura l'istituzione di Archivi Internazionali delle tecniche corporali; più recentemente David Efron, nel crogiolo di razze e di etnie della New York di mezzo secolo fa, ha cercato nei gesti degli ebrei e degli italiani i segni astratti di due diverse retoriche etniche; Paul Buissac ha indicato l'importanza del gesto come atto semiotico, cioè come segno comunicativo, e Fernando Poyatos, partito dalla problematica degli inventari dei gesti con la distinzione tra gesti, posture e maniere, è passato alla cinesica e alla tipologia dei segni somatici fino allo studio di una prospettiva interculturale della comunicazione non verbale *in toto*.

Desmond Morris, con la sua équipe di socio-antropologi, ha compiuto una etnologia preliminare del gesto, abbozzata nella classificazione e nell'aspetto teoretico, ma notevole per l'estensione della ricerca e l'ampio respiro interculturale.

In Italia l'équipe di Diego Carpitella, dell'Università di Roma, ha investigato i due poli della gestualità italiana: Napoli e la Barbagia sarda.

Linguistica e paralinguistica discutono oggi del gesto come contesto e adiacenza delle lingue naturali, ed a illuminare il linguaggio dei gesti chiamano in causa sempre più numerosi altri linguaggi: quello olfattivo (odori e profumi), quello vestimentario (abiti, uniformi, mode, travestimenti), quello prossemico (lo spazio sociale e i suoi significati). Codifica, trascrizione e classificazione dei sistemi di gesti sono stati tentati finora con parziali ed incerti risultati; probabilmente perché le tre origini del gesto (magico-rituale, artistico-teatrale, linguistico-retorica) mal si prestano a una sintesi compiuta e completa, che faccia d'un colpo *e pluribus unum*. Mentre questi formidabili problemi aspettano una soluzione e gruppi di studiosi cominciano a metterne a fuoco i complessi aspetti teorici, cinesica, coreutica e animazione teatrale cominciano ad applicare il gesto alla psicoterapia individuale e di gruppo, come all'insegnamento linguistico e al miglioramento delle abilità comunicative di bambini normali e afasici.

Complessivamente, oggi il linguaggio del gesto viene considerato come un codice culturale carico di significato: coloritura o vernacolo, testo o co-testo, lingua o parola, norma o trasgressione, il gesto è insieme inscindibile di lingua e cultura, e serve ad intenderle compiutamente entrambe.

Compiuta una prudente ricognizione ai margini della selva oscura e intricata dei problemi del gesto, l'autrice sembra aver scelto il buon senso del detto antico toscano: «Meglio il fare che il non fare e pentèrsi» e di conseguenza aver prodotto un ampio materiale sotto forma di manuale pronto all'uso, organizzandolo secondo la problematica glottodidattica del «Livello soglia per l'italiano come lingua straniera», un concetto e progetto teorico-pratico nato sotto gli auspici del Consiglio d'Europa (e recepito fin nello statuto della Scuola di Lingua e Cultura Italiana per Stranieri di Siena) che mira alla preparazione di docenti e di strumenti di lavoro per «un pubblico di visitatori temporanei adulti che devono trascorrere periodi non molto lunghi in Italia e che intendono usare la lingua per intrattenere rapporti di tipo non strettamente professionale con parlanti nativi in italiano».

È un fatto positivo che questo manuale, costruito con acribia e con molte diverse accortezze, venga ad aggiungersi alla già nutrita bibliografia della Scuola di Siena. Lo segnalano altamente per l'uso la vivacità e l'immediatezza dei materiali, l'efficacia didattica già sperimentata dall'autrice, e il di lei sforzo didattico-applicativo.

Concreta proposta di lavoro in classe e di ricerca sul campo, come pure di approfondimenti metodologici o di letture inedite, il libro si raccomanda specialmente come punto di passaggio e di incontro tra lo studio della lingua e quello della cultura italiana.

Alessandro Falassi
Università per Stranieri
Siena

INTRODUZIONE

Il gesto, approfonditamente analizzato dal punto di vista psicologico, antropologico e, più recentemente, anche semiologico [1], merita di essere studiato anche nell'ambito dell'educazione linguistica [2], cosa che cerchiamo di fare con questo manuale indirizzato sia ai docenti, sia agli studenti di italiano come lingua madre o come lingua straniera.

Va premesso che non sempre esiste una esatta corrispondenza fra i gesti e la lingua nazionale di un paese [3]. A maggior ragione questo è vero per l'italiano, la cui standardizzazione è un fenomeno relativamente recente, che ha avuto inizio a partire dall'unità d'Italia (1861). Sta di fatto che gli influssi dei dialetti continuano anche oggi a farsi sentire soprattutto per le componenti della lingua non regolate dalla grafia, come l'intonazione, la pronuncia e, per definizione, il linguaggio non verbale.

Inoltre, come accade per la lingua, la gestualità di un popolo si trasforma nel tempo per effetto dell'uso stesso e degli influssi di altre culture con cui, per ragioni storiche, viene a trovarsi a contatto.

Chi volesse dunque offrire una panoramica dei gesti significativi attualmente conosciuti (se non usati) dalla maggior parte degli italiani e sentiti come appartenenti al bagaglio linguistico e culturale della penisola, si troverebbe di fronte a due tendenze contrastanti: se da una parte la rapidità con cui oggi si viene a contatto con popoli di cultura diversa fa in modo che i gesti (come la lingua) si trasformino e si arricchiscano più di quanto non accadesse in passato, dall'altra si assiste anche ad una loro maggiore uniformazione all'interno dell'area nazionale, grazie soprattutto all'opera di diffusione esercitata dai mass media, in particolare dalla televisione [4].

---

[1] Una panoramica interessante degli studi di cui è stato oggetto finora il linguaggio non verbale, accompagnata anche da una ricca bibliografia, si trova in MAGLI P., *Corpo e linguaggio*, Roma 1980.

[2] L'interesse per le implicazioni didattiche del linguaggio non verbale è acquisizione piuttosto recente. Cfr. POYATOS F., *Nonverbal Communication in Foreign-Language Teaching and Learning. A Theoretical and Methodological Approach*, in HELBO A. (a cura di), *Evaluation and Language Teaching*, Frankfurt 1989.

[3] Come dimostrano Morris e i suoi collaboratori nell'indagine capillare compiuta dal 1977 al 1979 in 40 località europee, sono ben pochi i gesti diffusi su tutto un territorio nazionale (MORRIS D., COLLETT P., MARSH P., O'SHAUGHNESSY M., *Gestures*, London 1979, trad. it. *I gesti. Origini e diffusione*, Milano 1983). Già De Jorio, nel saggio fondamentale sulla gestualità napoletana, aveva sostenuto l'esistenza di una pluralità di dialetti gestuali, propri di paesi vicini, facendo un'analogia con quello che accade a livello di lingua (DE JORIO A., *La mimica degli antichi investigata nel gestire napoletano*, Napoli 1832, ristampa 1979).

[4] Le osservazioni di De Mauro sull'azione uniformatrice esercitata dai mass media sulla lingua (DE MAURO T., *Storia linguistica dell'Italia unita*, Bari 1976) possono validamente riportarsi anche al linguaggio gestuale: attraverso la televisione, i giornali e la pubblicità si stanno infatti diffondendo in tutta le penisola gesti originariamente limitati a qualche regione e perfino gesti stranieri. La «mano mozza», per esempio,

SELEZIONE DEI GESTI

Tenendo conto di queste diverse tendenze, e allo scopo di offrire uno strumento utile a chi intende capire e usare in maniera appropriata il linguaggio non verbale italiano, sono stati raccolti nella prima parte di questo volume, 100 gesti fra quelli più tipici e significativi diffusi in tutta la penisola.

Sono stati deliberatamente esclusi:

— i gesti di solito comprensibili anche agli stranieri, specialmente quelli che mimano chiaramente il significato a cui si riferiscono (p. es. i movimenti per indicare l'atto di «mangiare», «bere», «telefonare», ecc.);

— i gesti tecnici usati da minoranze specializzate (p. es. militari, pompieri, agenti di borsa, vigili urbani, ecc.);

— i gesti codificati in linguaggi veri e propri (p. es. quello dei sordomuti) [5];

— i gesti strettamente rituali (p. es. quelli religiosi o cerimoniali);

— i gesti che il soggetto esegue senza l'intenzione esplicita di trasmettere una certa informazione (p. es. le espressioni del viso, la postura del corpo o i gesti usati per enfatizzare il ritmo del discorso) [6].

I 100 gesti che presentiamo qui sono stati scelti in quanto:

— convenzionali, che hanno cioè un significato universalmente accettato all'interno della comunità italiana[7];

— simbolici, che indicano cioè idee, stati d'animo, ecc., o comunque non sono chiaramente riferibili al loro significato e quindi spesso risultano incomprensibili a persone di cultura diversa;

— espliciti, cioè contenenti un messaggio che il soggetto vuole trasmettere consapevolmente;

— schematici, che rappresentano cioè qualcosa scegliendo solo qualcuno dei suoi aspetti più evidenti;

---

compresa generalmente nei suoi due significati di «ordine di allontamento» (gesto 42) e «descrizione di allontanamento» (gesto 88), il primo più usato attivamente nel centro-sud e il secondo nel nord dell'Italia (Morris D. et al., trad. it., pp. 134-135). Per quanto riguarda i gesti stranieri, il pollice alzato in segno di «OK» (gesto 24), introdotto dagli americani nella seconda guerra mondiale e rafforzato oggi dalla massiccia diffusione di film e telefilm americani, sebbene raramente usato in Italia, è però compreso ovunque (anche se in Sardegna e in certe aree del sud esiste un gesto simile con valore di insulto sessuale). Un caso analogo è quello delle dita a «V» (gesto 17), usate da Churchill per indicare «vittoria» (Morris D., *et. al.*, *trad. it.*, pp. 239-243 e 279-282).

[5] Per una breve introduzione ad alcuni di questi linguaggi settoriali non verbali, cfr. Brun T., *The International Dictionary of Sign Language*, London 1969.

[6] Per una trattazione più antropologica che linguistica di questi aspetti della gestualità, cfr. Morris D., *Manwatching. A Field Guide to Human Behaviour*, London/Oxford 1977 (trad. it. *L'uomo e i suoi gesti*, Milano 1977).

[7] Per una definizione di «gesti convenzionali» si veda Argyle M., *Bodily Communication*, London 1975 (trad. it. *Il corpo e il suo linguaggio: studio sulla comunicazione non verbale*, Bologna 1978).

— attuali, cioè riferiti all'uso che si è andato sviluppando in Italia negli ultimi decenni del XX secolo;

— diffusi in tutto il Paese, almeno a livello di comprensione, anche se il loro uso varia non solo da individuo a individuo, ma anche da gruppo a gruppo (fattore sociale) e da regione a regione (fattore geografico) [8]. In particolare, non sono stati considerati i gesti più marcatamente regionali (p. es. la negazione meridionale con la testa all'indietro o l'insulto sardo con il pollice alzato).

CLASSIFICAZIONE DEI GESTI

Facendo riferimento alla teoria degli atti linguistici [9], agli studi relativi alle funzioni del linguaggio [10] e ai lavori sul «Livello soglia» [11], abbiamo quindi raggruppato 100 gesti selezionati secondo delle categorie valide anche per il linguaggio verbale, tenendo presenti, in particolare, quelle usate per catalogare gli atti comunicativi nel «Livello soglia per l'italiano» (si veda l'indice dei gesti e degli atti comunicativi a p. 23 e segg.) [12].

Partendo quindi da una classificazione prettamente linguistica, ispirata ai principi dell'approccio comunicativo per la didattica delle lingue, abbiamo cercato di fornire una tassonomia di gesti italiani legata principalmente alle funzioni linguistiche che questi esprimono nel contesto sociale dell'Italia di oggi.

---

[8] Per i criteri relativi all'attualità e alla diffusione ci siamo basati soprattutto sulla presenza dei gesti nelle trasmissioni televisive, nelle foto dei giornali e nelle loro citazioni in articoli e testi letterari.

[9] Si veda AUSTIN J. L., *How to Do Things With Words*, Oxford 1955 (trad. it. *Come fare cose con le parole*, Casale Monferrato 1987), e SEARLE J. R., *Speech Acts*, Cambridge 1969 (trad. it. *Atti linguistici*, Torino 1976).

[10] Si veda JAKOBSON R., *Essais de linguistique générale*, Parigi 1963 (trad. it. *Saggi di Linguistica generale*, Milano 1989).

[11] A partire dalla metà degli anni '70 sono stati prodotti diversi lavori che vanno sotto questo titolo, nell'ambito del «Progetto lingue moderne» del Consiglio d'Europa. Per «livello soglia» si intende «il livello minimo (...) di capacità predominantemente orale al quale i discenti saranno in grado di sopravvivere, dal punto di vista linguistico, in un paese straniero e di stabilire e mantenere contatti sociali con parlanti della lingua straniera» (VAN EK J. A., *The Threshold Level*, Strasburgo 1975). Seguendo le stesse linee direttive usate per studi analoghi relativi all'inglese, al tedesco e allo spagnolo, il *Livello soglia per l'insegnamento dell'italiano come lingua straniera* (GALLI DE PARATESI N., Strasburgo 1981) intende fornire ai docenti una guida «per la messa a punto di corsi per un pubblico di visitatori temporanei adulti che devono trascorrere periodi non molto lunghi in Italia e che intendono usare la lingua per intrattenere rapporti di tipo non strettamente professionale con parlanti nativi in italiano» (p. 20). Il lavoro si basa sull'individuazione dei bisogni linguistici specifici del gruppo di destinatari prescelti (argomenti, ruoli, situazioni, interazione connessa con gli argomenti, attività linguistiche, atti comunicativi, nozioni generali, nozioni specifiche, grado di abilità). In particolare, per gli atti comunicativi, le nozioni generali e le nozioni specifiche viene fornito un elenco dettagliato che costituisce il corpus che il docente o l'autore di testi didattici potranno usare per determinare i contenuti rispettivamente dei propri corsi o delle proprie opere.

[12] Mancano nel nostro elenco, rispetto al lavoro di N. Galli de Paratesi, le seguenti categorie di atti comunicativi: «Tecniche della comunicazione» (chiedere il permesso di parlare, dare la parola, precisare, portare esempi, ecc.), «Comunicazioni e opinioni» (descrivere, paragonare, raccontare, ecc.) e «Atti di risposta non specifici» (prendere atto di un enunciato qualsiasi, chiedere di ripetere, chiedere di esplicita-

Nel «Livello soglia per l'italiano», infatti, gli *Atti comunicativi* sono accompagnati da una serie di possibili «esponenti linguistici», ovvero espressioni verbali capaci di esprimere la funzione corrispondente alle intenzioni del parlante (p. es. scusarsi, lamentarsi, esprimere paura, far tacere, ecc.) [13]. Nella nostra classificazione, invece, ciascun atto viene individuato dai seguenti parametri:

— *immagine stilizzata* del gesto corrispondente;

— *breve definizione* del gesto, a cui, quando possibile, è stata aggiunta un'espressione specifica (p. es. «battere le mani»/«applaudire»);

— *registro espressivo* (formale/informale/volgare), relativo alle modalità d'uso del gesto;

— *espressioni linguistiche* più comuni che accompagnano e/o sostituiscono il gesto (sono contrassegnate da un asterisco [*] le espressioni vernacolari o popolaresche, da due asterischi [**] quelle fortemente volgari e trasgressive).

APPLICAZIONI DIDATTICHE

La seconda parte del volume è dedicata ad alcune attività che hanno lo scopo di stimolare l'osservazione e la partecipazione attiva, alla scoperta del linguaggio non verbale d'Italia attraverso il riconoscimento dei gesti nel loro contesto d'uso, sia che si tratti di immagini pubblicitarie, foto di giornali, articoli o brani letterari.

Esistono vari motivi per cui la conoscenza dei gesti, del loro significato, del registro espressivo e delle espressioni verbali a cui corrispondono può aiutare a raggiungere una migliore competenza comunicativa. Vediamone alcuni.

Comprensione orale.

La motivazione fondamentale, specialmente per gli stranieri, è che conoscere il significato dei gesti caratteristici usati nel Paese di cui si studia la lingua aiuta a comprendere meglio i parlanti nativi nell'interazione faccia a faccia. In realtà, come rileva giustamente Abercrombie [14], «noi parliamo con gli organi vocali, ma conversiamo con tutto il corpo», ed è a questa differenza

---

re, ecc.). Infatti, anche se esistono dei movimenti del corpo che possono esprimere alcuni degli atti comunicativi elencati sotto queste categorie (p. es. alzare la mano nel caso di «chiedere il permesso di parlare»), non abbiamo però individuato dei gesti convenzionali e simbolici, caratteristici dell'uso odierno in Italia.

[13] P. es., all'atto comunicativo «far tacere» vengono abbinati i seguenti esponenti linguistici: «sss!», «zitto!», «silenzio, per favore!», «piantala!». È da notare, però che in Italia si può usare anche un gesto che esprime, in forma non verbale, la stessa funzione espressiva, cioè l'indice teso davanti alla bocca (gesto 44).

[14] ABERCROMBIE D., *Paralinguistic Communication*, in «ECAL» vol. 1, cap. 6.

fra parlare (*speaking*) e conversare (*talking*) che Widdowson si riferisce quando sostiene che interpretare il discorso significa saper elaborare gli elementi non verbali e riconoscere il loro rapporto con il testo verbale prodotto dall'interlocutore [15].

In particolare, il riconoscimento di un gesto contenente un messaggio è importante non solo nel caso in cui questo sia usato al posto di un'espressione verbale, ma anche quando accompagna le parole corrispondenti. Ogni enunciato orale, infatti, può assumere un significato particolare secondo il gesto che viene mimato sincronicamente. Basti pensare alla frase «Stavo solo scherzando», pronunciata con le mani giunte in un'implorante richiesta di perdono (gesto 60), o con una strizzata d'occhio come un invito scherzoso a soprassedere (gesto 47).

Capire nel suo giusto significato il gesto che accompagna l'interazione linguistica sarà quindi di notevole aiuto per la comprensione orale, da intendere non come semplice abilità passiva, ma come partecipazione attiva in un processo di riconoscimento dei segnali sia uditivi che visivi inviati dall'interlocutore [16].

Equivoci.

Se non si riconosce il significato di un gesto in rapporto al contesto comunicativo in cui viene usato, può accadere di non capire quello che dice l'interlocutore, o di capire qualcosa di sbagliato. La possibilità di equivoci è particolarmente frequente nel caso di stranieri che si trovino a comunicare con parlanti nativi.

Considerando che ognuno è portato a ricorrere agli elementi della propria lingua quando non conosce la forma corrispondente straniera, è chiaro a quali inconvenienti può portare l'uso o l'interpretazione automatica di gesti che, innocui in una lingua, sono invece scortesi e offensivi in un'altra.

È noto infatti che lo stesso movimento delle mani, del capo, degli occhi o delle labbra, può avere significati diversi da zona a zona. Lo scatto della mano sinistra sull'avambraccio (gesto 66 e 98), per esempio, che in Scandinavia è solo un segno di forza fisica e in Portogallo uno scherzo, è invece un

---

[15] WIDDOWSON H. G., *Teaching Language as Communication*, Oxford 1978. Widdowson fa anche un'analogia fra l'aiuto che i gesti danno alla comprensione orale e quello che cartine e diagrammi danno alla comprensione scritta.

[16] Cfr. MAGLI P., *op. cit.*, al capitolo dal titolo «Il gesto e la parola»: «All'interno di un rapporto interattivo (...) la comunicazione non si svolge lungo un solo canale, ma si presenta come un fascio fluido e poliedrico di più moduli comportamentali: verbali, timbrici, posturali, contestuali ecc. Ciascuno di questi segnali qualifica il significato di tutti gli altri. La comunicazione si costituisce come interazione simultanea di più linee di codici diversi che interagiscono fra di loro, su differenti livelli, cooperando a una gestaltica in quanto significato globale di un enunciato. Il tono della voce, lo sguardo, il movimento delle mani hanno un ruolo non di pura ridonanza o semplice tautologia rispetto alla parola, ma possono confermarla come smentirla» (p. 147).

complimento osceno in Inghilterra, un chiaro insulto sessuale in Italia e in Francia, ed è addirittura illegale a Malta. Analogamente, l'italiano che per dire «due» usasse l'indice e il medio tesi con il dorso della mano rivolto verso l'ascoltatore, correrebbe forse qualche rischio se si trovasse di fronte a un anglosassone, che riconosce in quel gesto un insulto molto volgare.

Anche se meno pericoloso dei casi precedenti, scambiare un «no» per un «sì» può generare qualche problema: un equivoco di questo tipo è normale per l'indiano che viaggia in Italia, poiché la stessa oscillazione della testa (gesto 68), che in India ha valore affermativo, è invece negativa o dubbiosa per gli italiani; qualcosa di simile potrà accadere anche al nord-europeo che si reca nell'Italia del sud, dove gli sarà facile scambiare per un «sì» l'atto di spingere indietro la testa che invece lì ha valore opposto [17].

Lo stesso può accadere per l'atto di battere le nocche del pugno su una superficie dura (gesto 77), che esprime approvazione in Germania e Austria, ostinazione in Italia; per l'indice a vite sulla guancia (gesto 28), che indica pazzia in Germania, effeminatezza in Spagna, approvazione in Italia; per le dita incrociate (gesto 57), che in Italia significano protezione o augurio, in Grecia e Turchia rottura di amicizia; per il colpetto al lobo dell'orecchio (gesto 72), che indica bontà in Portogallo, omosessualità in Italia [18].

Inoltre non bisogna dimenticare che i gesti, come le parole di una stessa lingua, possono avere uno o più significati che variano all'interno della stessa nazione e vanno quindi riconosciuti e messi in relazione al contesto. Un esempio è la polisemia della palpebra inferiore abbassata dal dito indice, che può significare «Io sono furbo», «Sei un furbo», «Furbo quello» (gesto 79), ma anche «Fai attenzione!» (gesto 48), oppure il caso delle dita della mano a borsa ritimicamente aperte e chiuse per dire «Ho una gran paura» (gesto 36), ma anche «Vieni al sodo!» (gesto 50) [19].

---

[17] Cfr. JAKOBSON R., *Gesti motori per il sì e per il no*, in «VS» 1, 1971.

[18] In una divertente pubblicità degli aeroporti britannici (BAA), pubblicata sul giornale «The Independent» del 6.2.1989, il famoso antropologo Desmond Morris ironizza sui possibili equivoci che in un aeroporto possonno derivare dai diversi linguaggi non verbali di un pubblico cosmopolita. Fra l'altro, cita il gesto delle dita ad anello (gesto 25), che può esprimere approvazione (Italia, USA), ma può anche indicare uno zero (Francia) oppure l'idea di denaro (Giappone), e può essere perfino un insulto (Tunisia) o un gesto osceno (Colombia).

[19] DE JORIO (*op. cit.*, p. 5), distinguendo i gesti di significato «semplice» e quelli di significato «molteplice e vario», rileva che i primi sono pochissimi, e come esempio riporta che «vedendosi l'indice e il pollice di una sola mano che si stropicciano negli estremi, s'intende anche bene che si parla di denaro» (cfr. gesto 96). Più avanti (p. 7) rileva l'importanza del «soggetto della conversazione» (a cui dovremmo aggiungere il contesto e i ruoli reciproci degli interlocutori) come il mezzo più importante per la comprensione dei gesti: «È per vero cosa notissima che dal soggetto del discorso dipende la determinazione del significato di segni che vi si praticano». A proposito della polisemia dei gesti all'interno dello stesso paese, cfr. MORRIS *et. al.*, *trad. it.*, p. 108-111 (abbassamento della palpebra inferiore), 134-136 (mano mozza), 170-175 (corna verticali), 184-189 (corna orizzontali).

Registro espressivo.

Spesso però non basta sapere quali gesti è meglio evitare in un paese straniero o quali hanno significati diversi nella propria lingua. Per partecipare adeguatamente all'interazione faccia a faccia può essere importante riconoscere anche il registro espressivo (formale, informale o volgare) corrispondente ai vari gesti, sia per reagire secondo gli atti dell'interlocutore, sia per scegliere l'atto più appropriato alle nostre intenzioni.

I cenni di saluto, per esempio, possono indicare diversi livelli di familiarità. In Italia si va dal formalissimo baciamano (gesto 1), oggi in via di estinzione e riservato comunque alle cerimonie molto formali, all'alzata di cappello (gesto 2), anche questa un po' di disuso e molto ossequiosa, alla normale stretta di mano (gesto 3 e 7), fino ai due baci sulle guance (gesto 6 e 11), comuni anche fra semplici conoscenti, e all'abbraccio (gesto 5 e 10), usato fra amici, sia uomini che donne [20].

Il gesto, quindi, al pari dell'uso del «tu» o del «Lei», dell'espressione cortese o volgare, della frase familiare o aulica, va interpretato e usato secondo la situazione in cui si svolge l'interazione e secondo i ruoli sociali o psicologici degli interlocutori, per evitare imbarazzi o reazioni indesiderate, spesso comuni anche fra parlanti nativi.

Civiltà.

Ma conoscere la gestualità tipica di un popolo significa anche cogliere un aspetto del suo comportamento culturale [21]. Questa «superlingua» ha infatti origini spesso lontane o misteriose, e può essere considerata un elemento di «civiltà» fra i più interessanti e significativi.

Basti ricordare l'atto di incrociare le dita (gesto 57), forse un'antica versione stilizzata del segno cristiano della croce [22], le corna orizzontali (gesto 52), testimoniate già nelle pitture murali di epoca preromana [23], il «marameo» (gesto 100), conosciuto in tutta Europa e la cui la prima descrizione particolareggiata risale alla Francia del XVI secolo [24].

---

[20] L'esistenza di gesti sinonimi e delle sfumature di significato che rendono l'uno più adatto dell'altro in un determinato contesto, era già stata osservata da De Iorio (*op. cit.* pp. 296-297).

[21] Secondo David Efron (considerato uno dei precursori della moderna «cinesica», la scienza che analizza la comunicazione non verbale come comportamento simbolico), la gestualità è retta da regole precise di significato che sono il risultato di un apprendimento sociale e non di una determinazione biologica (Efron D., *Gesture and Environment*, New York 1941). Cfr. anche Birdwhistell R., *Introduction to Kinesics*, Louisville 1952, sui gesti come processi comunicativi del sistema sociale.

[22] Morris D. *et. al.*, *trad. it.*, pp. 42-44.

[23] Si veda l'ampia trattazione sui vari tipi di «corna», sulle origini e le fonti letterarie di questo gesto in De Jorio A., *op. cit.*, pp. 89-120.

[24] Morris D. *et. al.*, *trad. it.*, p. 56.

Mimesi.

In ultima analisi, la gestualità, proprio perché meno controllata razionalmente rispetto al linguaggio verbale e perché meno oggetto di studio consapevole, è uno degli elementi che più di altri possono indicare la provenienza geografica di un individuo.

L'italiano che, pur parlando un inglese perfetto, usa per esempio la mano «a borsa» (gesto 59) per dare enfasi alle proprie domande, si dimostra estraneo alla cultura anglosassone che non conosce quel gesto, e fallisce così nel suo tentativo di «mimetizzarsi», che è alla base di ogni studio approfondito di un lingua straniera [25].

L'importanza di raggiungere una competenza cinesica attiva, oltre che passiva, è evidente soprattutto quando un comportamento gestuale tipico di una cultura viene erroneamente interpretato in un'altra come indicatore sociale o psicologico. È questo il caso del ricchissimo linguaggio non verbale dell'Italia meridionale che nel nord viene spesso generalizzato in un giudizio di scarsa educazione, di basso livello sociale o, nella migliore delle ipotesi, di un carattere particolarmente estroverso o invadente. L'opposto avviene a proposito della limitata gamma gestuale e della maggiore distanza interpersonale in uso presso gli anglosassoni, viste come sintomo di riservatezza e freddezza, oppure nel caso dei tipici gesti orientali che, in occidente, vengono interpretati come eccessivamente compiti e quasi servili (l'inchino di saluto, per esempio).

Ogni interazione faccia a faccia avviene in base a una complessa struttura basata sulle relazioni reciproche delle parole, dei gesti, della situazione e dei ruoli degli interlocutori. Ogni elemento del dialogo contribuisce a dare un senso agli altri: niente va perduto, niente è privo di significato, tanto meno il gesto che, con la sua carica comunicativa, accentra su di sé l'attenzione visiva dell'interlocutore. Ridurre tutto questo a semplice curiosità, come avviene spesso nelle lezioni di lingua, ci sembra estremamente riduttivo.

È da auspicare che questo lavoro, oltre a dare una catalogazione dei gesti italiani basata sui principi degli atti linguistici, possa stimolare un maggiore interesse a livello glottodidattico per questo aspetto così importante della comunicazione.

Pierangela Diadori
Università per Stranieri
Siena

---

[25] De Jorio (*op. cit.*, pp. 145-146) fa un parallelismo fra gesto e pronuncia: «La parola trovasi scritta e sempre ad uno stesso modo, ma essa diversamente viene pronunciata da diverse persone. (...) La diversità nella pronuncia può produrre talvolta diversità di significato (...). Applichiamo qui quanto si è detto della pronuncia alla 'Esattezza di gesti'. Talvolta qualche piccola variazione produce in essa un diverso significato». Andando oltre in questa interpretazione, si può arrivare a dire che chi usa i gesti tipici della propria cultura o non riconosce i gesti di persone parlanti una lingua diversa si comporta come chi mantiene una forte pronuncia straniera e non capisce la pronuncia dei parlanti nativi.

PRIMA PARTE

GESTI

INDICE DEI GESTI E DEGLI ATTI COMUNICATIVI

I. CONVENZIONI SOCIALI (#) [1]

II. STATI EMOTIVI E SENTIMENTI (#)

[1] Le categorie contrassegnate dal simbolo (#) si ritrovano anche nel *Livello soglia per l'italiano* (GALLI DE PARATESI N., Strasburgo 1981), le altre sono nostre.

		Gesto n.
approvazione (#)	*Battere le mani*	23
	Alzare il pollice	24
	Fare le dita ad anello	25
	Tirare una linea retta con indice e pollice uniti ad anello	26
	Baciarsi la punta delle dita	27
	Ruotare l'indice a vite sulla guancia	28
disapprovazione (#)	*Battere la mano a taglio contro lo stomaco*	29
	Battere la mano a taglio contro la gola	30
	Scuotere la testa da una spalla all'altra	31
noia (#)	*Accarezzarsi il mento*	32
	Scuotere la mano davanti allo stomaco	33
	Tirare una linea davanti alla fronte con la mano rovescia	34
	Muovere le mani con pollici e indici uniti	35
paura (#)	*Chiudere e aprire la mano a borsa*	36

III. PROGETTI DI AZIONE (#)

Azioni che riguardano noi stessi (#):

giurare	*Mettersi la mano sul cuore*	37
	Baciarsi le dita incrociate	38

Azioni che riguardano gli altri (#):

invitare ad avvicinarsi [2]	*Agitare la mano e palmo in giù*	39
	Agitare la mano a palmo in su	40
	Muovere l'indice avanti e indietro	41
invitare ad allontanarsi	*Battere la mano contro il palmo*	42
	Ruotare la mano con le dita piegate	43
invitare a fare silenzio	*Mettere l'indice davanti alla bocca*	44
invitare a fare con calma	*Abbassare e alzare la mano rovescia*	45
	Muovere avanti e indietro le mani aperte	46
invitare ad un accordo	*Strizzare un occhio*	47
invitare a fare attenzione	*Abbassare la palpebra inferiore con un dito*	48

[2] Sotto la voce «Azioni che concernono solo gli atti» nel *Livello soglia per l'italiano* (Galli De Paratesi N., Strasburgo 1981) si cita solo l'atto comunicativo più generale di «invitare a fare».

		Gesto n.
invitare a dare un passaggio	*Alzare il pollice*	49
invitare alla concisione	*Chiudere e aprire la mano a borsa*	50
ammonire	*Muovere l'indice teso*	51
augurare il male	*Fare le corna orizzontali*	52
consolare	*Dare una pacca sulla spalla*	53
minacciare	*Agitare la mano a taglio*	54
	Mordersi la mano	55
	Unire gli indici e i pollici a cerchio	56

Azioni che riguardano noi o gli altri (#):

augurare il bene	*Incrociare le dita*	57
allontanare il male	*Fare le corna verso il basso o verso l'alto*	58

IV. DOMANDE E RISPOSTE

Domandare:

	Muovere la mano a borsa	59
	Tenere le mani giunte	60
	Muovere le mani giunte	61

Rispondere:

in maniera affermativa	*Muovere il viso in su e in giù*	62
in maniera negativa	*Muovere il viso da destra a sinistra*	63
	Scuotere l'indice teso	64
	Darsi un colpetto sui denti	65
	Fare lo scatto dell'avambraccio	66
in maniera dubbiosa	*Ruotare l'indice e il pollice*	67
	Scuotere la testa da una spalla all'altra	68
in maniera indifferente	*Passarsi la mano sotto il mento*	69
	Alzare le spalle	70
	Tirare indietro le mani aperte	71

V. OPINIONI

Indicare le caratteristiche di qualcuno:		Gesto n.
omosessualità	*Toccarsi l'orecchio*	72
infedeltà coniugale	*Fare le corna verticali*	73
fortuna	*Unire gli indici e i pollici a cerchio*	74
amicizia	*Avvicinare gli indici tesi*	75
inimicizia	*Toccare insieme le punte degli indici*	76
ostinazione	*Picchiare con le nocche del pugno*	77
furbizia	*Puntarsi l'indice alla fronte*	78
	Abbassare la palpebra inferiore con l'indice	79
stupidità o follia	*Colpirsi la fronte con la mano a borsa*	80
	Sventolarsi la mano davanti alla fronte	81
	Picchiettarsi la tempia con l'indice	82
	Ruotare l'indice a vite sulla tempia	83
	Ruotare la mano vicino alla tempia	84
	Passare l'indice lungo la fronte	85
	Ruotare la mano a borsa davanti al viso	86

VI. DESCRIZIONI

Indicare fatti:		
cambiamento completo	*Rivoltare il dorso della mano*	87
allontanamento	*Battere la mano contro il palmo*	88
	Ruotare la mano con le dita piegate	89
scampato pericolo	*Fare lo scatto dell'avambraccio*	90
	Tirare fuori la lingua	91
bugia	*Tenere le dita incrociate nascoste*	92
danno subìto	*Afferrarsi il collo con la mano*	93
intesa	*Strizzare un occhio*	94

Indicare cose o elementi concreti:		
moltitudine	*Chiudere la mano a borsa*	95
denaro	*Strofinare l'indice contro il pollice*	96

VII. INSULTI

INSULTARE:	Gesto n.
Alzare la mano dal basso verso l'alto	97
Fare lo scatto dell'avambraccio	98
Tirare fuori la lingua	99
Muovere la mano con il pollice che tocca la punta del naso	100

I. CONVENZIONI SOCIALI

SALUTARE PER INIZIARE UN CONTATTO

1

Baciare la mano (inchinandosi) / *fare il baciamano* (formale, è un saluto galante fatto da un uomo a una donna)

Fra due persone che si conoscono:
«Buongiorno!»
«Buonasera!»
«Che piacere vederLa!»

Fra due persone che non si conoscono:
«Piacere!»
«Piacere di conoscerLa!»
«Molto lieto!»

2

Togliersi il cappello (inchinandosi)
(formale, è un saluto rispettoso di un uomo a una donna o a un suo superiore)

«Buongiorno!»
«Buonasera!»
«Ossequi!»

3

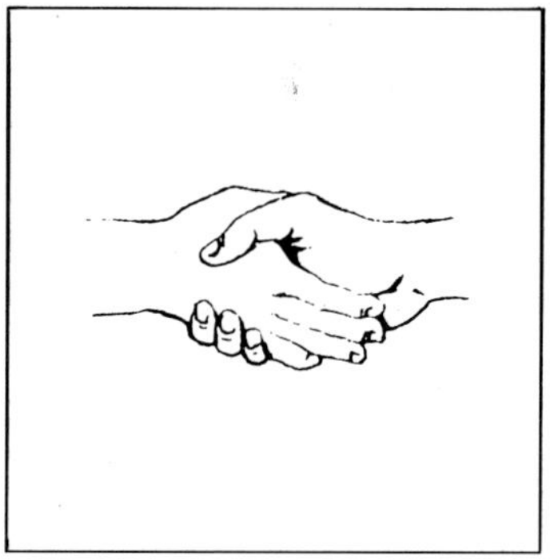

Dare una stretta di mano
(formale, è un saluto comune fra persone di pari grado)

Fra due persone che si conoscono:
«Buongiorno!»
«Buonasera!»
«Che piacere vederLa!»

Fra due persone che non si conoscono:
«Piacere!»
«Piacere di conoscerLa!»
«Molto lieto!»

I. CONVENZIONI SOCIALI

SALUTARE PER INIZIARE UN CONTATTO

4

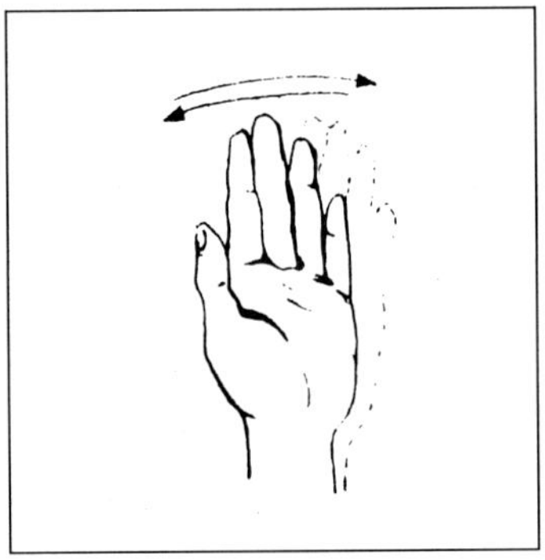

Agitare la mano in segno di saluto
(informale, usato per salutare qualcuno quando si vede di lontano)

«Ciao!»
«Salve»

5

Abbracciarsi
(informale, usato fra persone che hanno molta confidenza fra loro)

«Ciao!»
«Che piacere vederti!»
«Che bello incontrarti!»

6

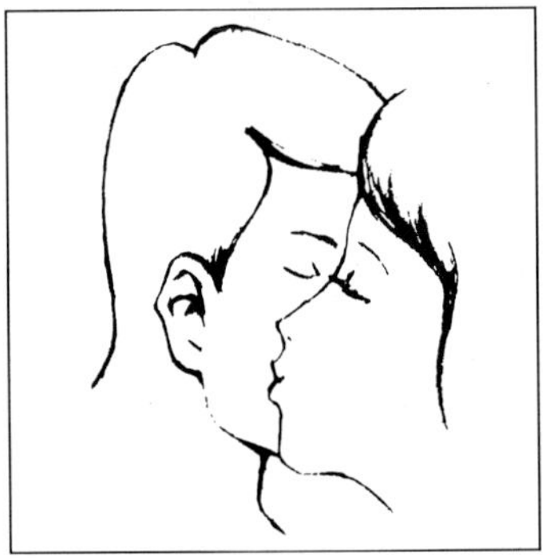

Scambiarsi due baci sulle guance
(informale, si usa anche con una persona che si conosce da poco, ma con cui si è instaurata una certa simpatia; il bacio su una sola guancia è più affettuoso e riservato ai parenti stretti)

«Ciao!»
«Che bello vederti!»
«Che piacere vederti!»

I. CONVENZIONI SOCIALI

SALUTARE PER CHIUDERE UN CONTATTO

7

Dare una stretta di mano
(formale)

«Arrivederci!»
«ArrivederLa!»

8

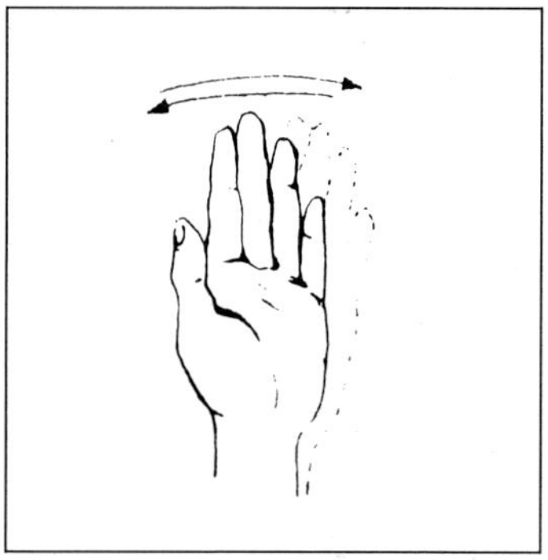

Agitare la mano in segno di saluto
(informale, usato per congedarsi da qualcuno che si sta allontanando)

«Ciao!»
«A presto!»
«Ci vediamo!»
«Arrivederci!»
«Addio!»

9

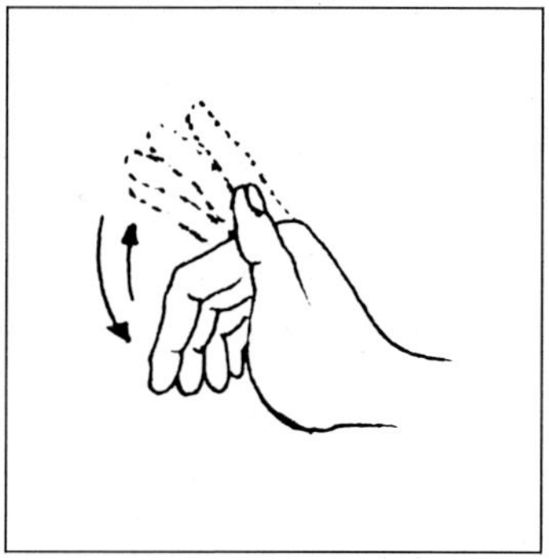

Aprire e chiudere la mano in segno di saluto
(informale, usato per congedarsi da qualcuno che si sta allontanando)

«Ciao!»
«A presto!»
«Ci vediamo!»
«Arrivederci!»
«Addio!»

I. CONVENZIONI SOCIALI

SALUTARE PER CHIUDERE UN CONTATTO

10

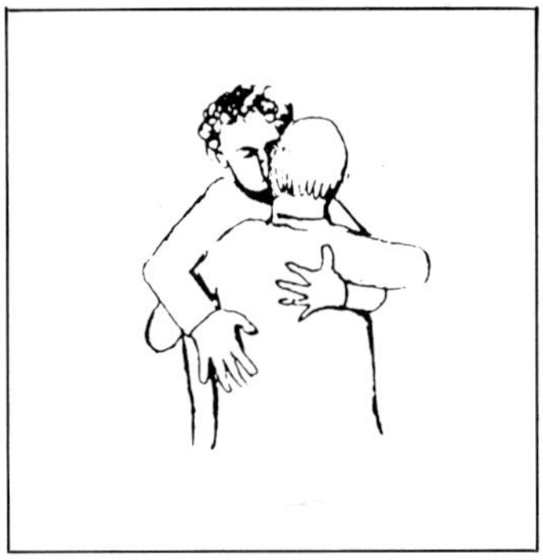

Abbracciarsi
(informale, usato fra persone che hanno molta confidenza fra loro)

«Ciao!»
«Arrivederci!»

11

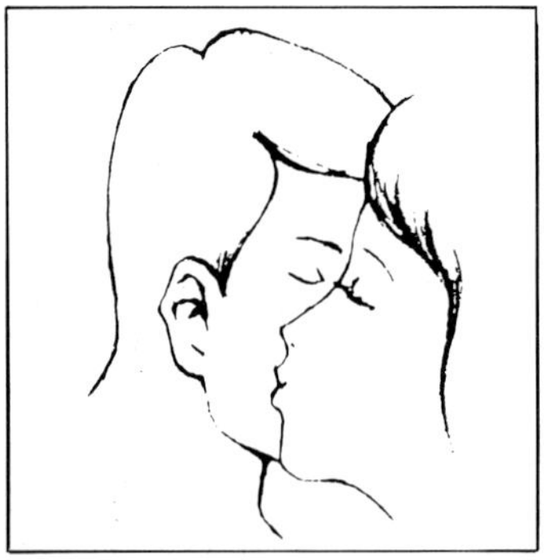

Scambiarsi due baci sulle guance
(informale, si usa anche con una persona che si conosce da poco, ma con cui si è instaurata una certa simpatia; il bacio su una sola guancia è più affettuoso e riservato ai parenti stretti)

«Ciao!»
«A presto!»
«Ci vediamo!»
«Arrivederci!»
«Addio!»

I. CONVENZIONI SOCIALI

CONGRATULARSI

12

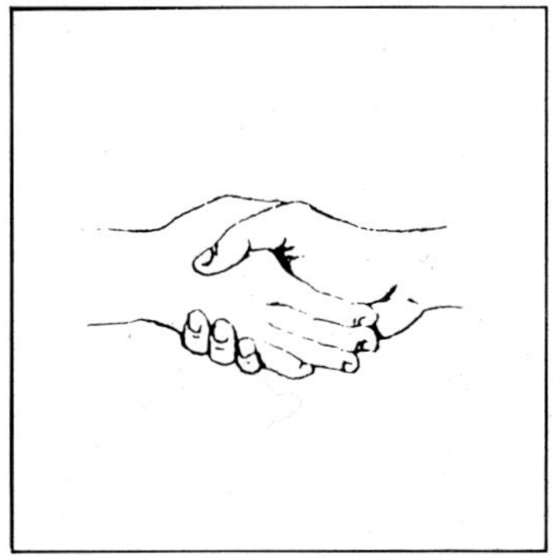

Dare una stretta di mano
(formale/informale)

«Congratulazioni!»
«Complimenti!»
«I miei complimenti!»
«Bravo [1]!»

13

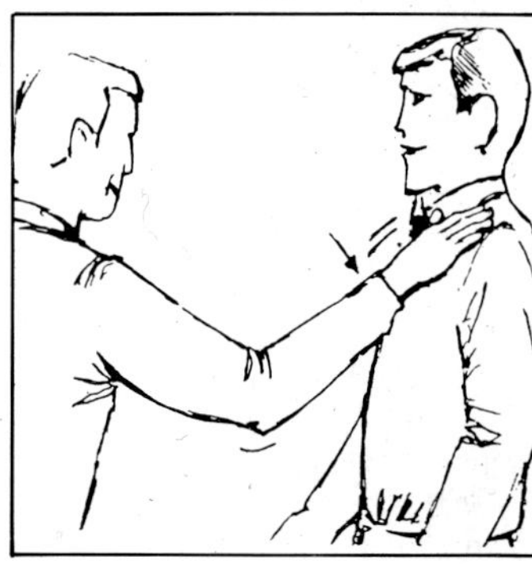

Dare una pacca sulla spalla
(informale)

«Congratulazioni!»
«Complimenti!»
«Bravo!»
«Sei stato forte!»
«Sei stato in gamba!»
«Sei stato un asso!»

[1] Per semplicità, si sono usati sempre gli aggettivi e i participi al maschile, ma si intende che la forma cambia se ci si riferisce a una donna.

II. STATI EMOTIVI E SENTIMENTI

ESPRIMERE SODDISFAZIONE

14

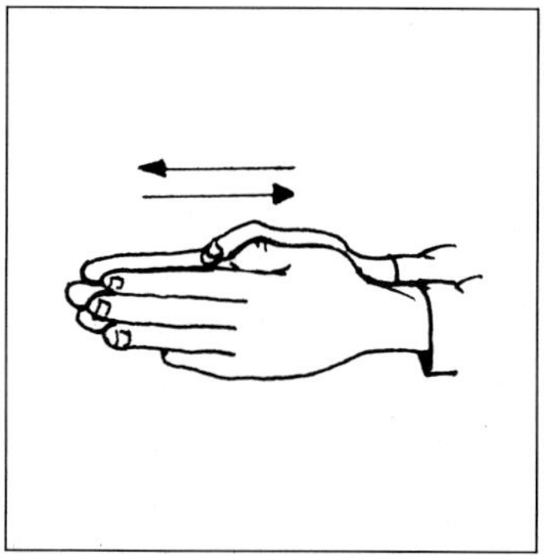

Fregarsi le mani
(informale, indica intima soddisfazione per qualcosa di positivo che è accaduto o sta per accadere)

«Uh, che bello!»
«Bene!»
«Come sono contento!»

15

Soffiarsi sulla punta delle dita e stofinarle poi sul petto
(informale, indica autocompiacimento, spesso con una punta di ironia)

«Come sono bravo!»
«Sono proprio forte!»
«Sono il migliore!»
«Chi c'è meglio di me?»

16

Unire le mani sopra la testa
(informale, indica soddisfazione per una vittoria riportata)

«Abbiamo vinto!» «Ho vinto!»
«Ce l'abbiamo fatta!» «Ce l'ho fatta!»
«Vittoria!»
«Urrà!»
«Evviva!»

II. STATI EMOTIVI E SENTIMENTI

ESPRIMERE SODDISFAZIONE

17

Fare le dita a «V»
(informale, indica soddisfazione per una vittoria riportata)

«Abbiamo vinto!» «Ho vinto!»
«Ce l'abbiamo fatta!» «Ce l'ho fatta!»
«Vittoria!»

ESPRIMERE VALUTAZIONE MEDIA

18

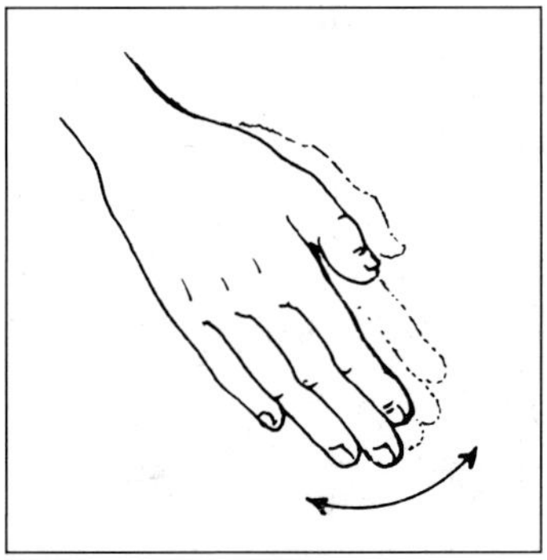

Fare oscillare la mano rovescia
(formale/informale, indica una valutazione media o un certo grado di approssimazione)

«Insomma...»
«Così così...»
«Più o meno...»
«All'incirca...»
«Approssimativamente...»
«Quasi.»

ESPRIMERE INDIFFERENZA

19

Passarsi la mano sotto il mento
(informale)
«Non me ne importa (frega*) niente.»
«Chi se ne importa (frega*) (fotte**)!»
«Che mi (me ne) importa (frega*)?»
«Non me ne importa (frega*) un fico secco.»
«Me ne frego* (infischio*) (sbatto**)!»
«E a me?»

---

* Espressione vernacolare o popolaresca.
** Espressione fortemente volgare e trasgressiva.

II. STATI EMOTIVI E SENTIMENTI

ESPRIMERE RAMMARICO

20

Portarsi le mani alla testa
(informale, indica rammarico per un proprio errore)
«Mamma mia!»
«Oddio!»
«Santo cielo!»
«Accidenti!»
«Ohi!»
«Oh, no!»
«Povero me!»
«Che scemo!»
«Che stupido!»

21

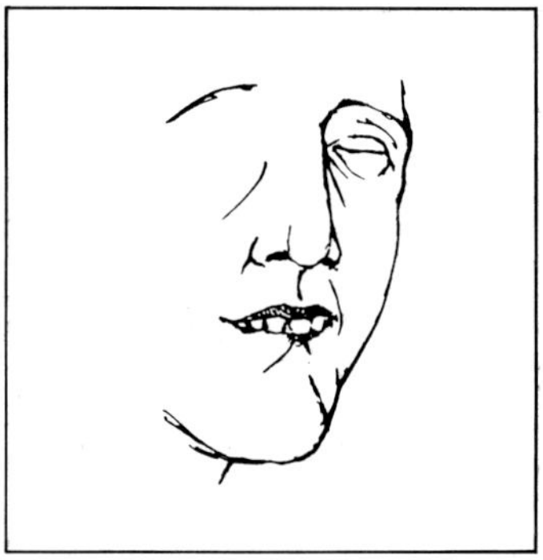

Mordersi le labbra
(informale, indica un forte rammarico, misto a rabbia e irritazione)

«Accidenti!»
«Che rabbia!»
«Porca miseria*!»

22

Mordersi la mano
(informale, indica un forte rammarico, misto a rabbia e irritazione)

«Accidenti!»
«Che rabbia!»
«Porca miseria*!»
«Mi mangerei le mani!»
«Roba da mangiarsi le mani!»
«Roba da mordersi le dita!»

II. STATI EMOTIVI E SENTIMENTI

ESPRIMERE APPROVAZIONE

23

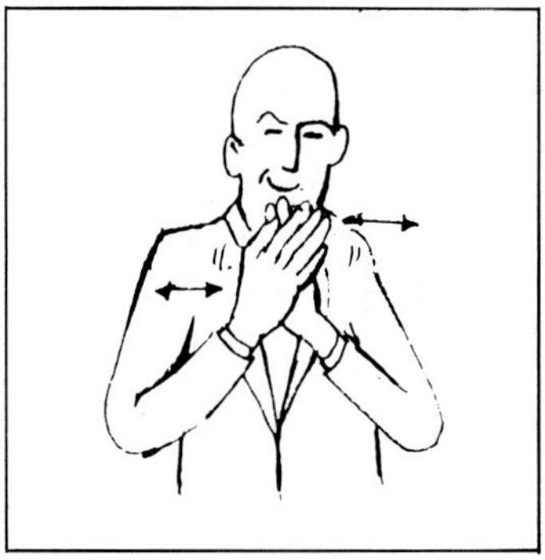

Battere le mani / applaudire
(formale/informale, usato specialmente alla fine di uno spettacolo o per esprimere approvazione per qualcuno)

«Bene!»
«Bravo!»
«Complimenti!»
«Magnifico!»
«Eccezionale!»
«Fantastico!»
«Stupendo!»

24

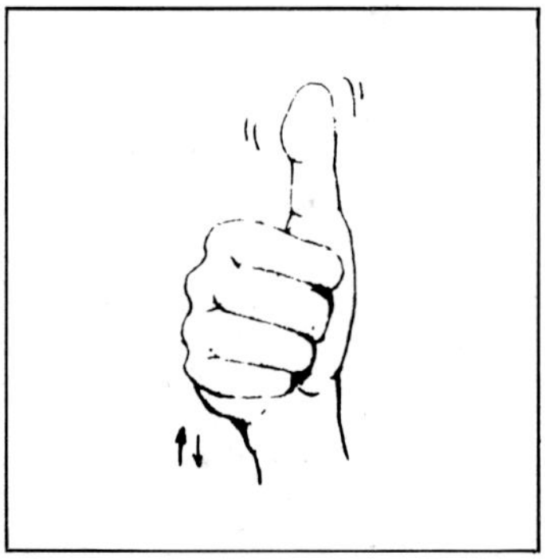

Alzare il pollice
(formale/informale, indica approvazione per qualcosa che è andato o andrà bene)

«Tutto a posto!»
«Tutto bene!»
«Va bene!»
«Perfetto!»
«OK!»

25

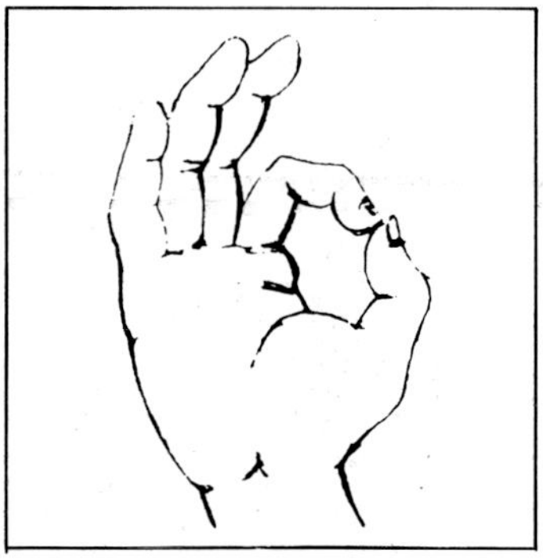

Fare le dita ad anello
(informale, indica approvazione per qualcosa che è stato fatto bene)

«Tutto a posto!»
«Tutto bene!»
«Va bene!»
«Perfetto!»
«OK!»

II. STATI EMOTIVI E SENTIMENTI

ESPRIMERE APPROVAZIONE

26

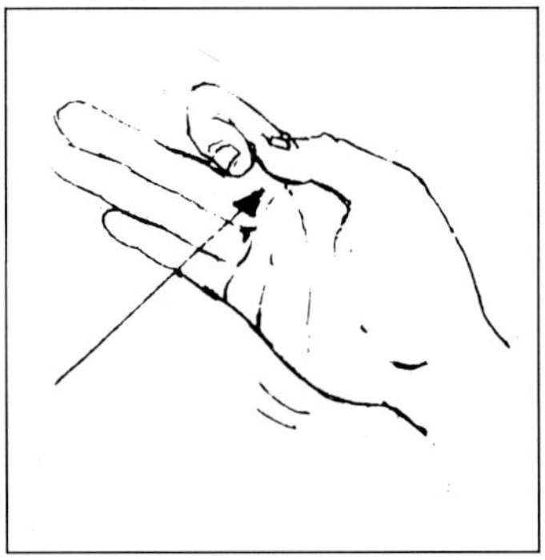

Tirare una linea retta con indice e pollice uniti ad anello
(informale, indica approvazione per qualcosa che è stato fatto bene)
«Tutto a posto!»
«Tutto bene!»
«Ottimo!»
«Perfetto!»
«OK!»
«Era proprio quello che ci voleva!»
«Tutto fatto a puntino!»
«Tutto fatto per filo e per segno!»

27

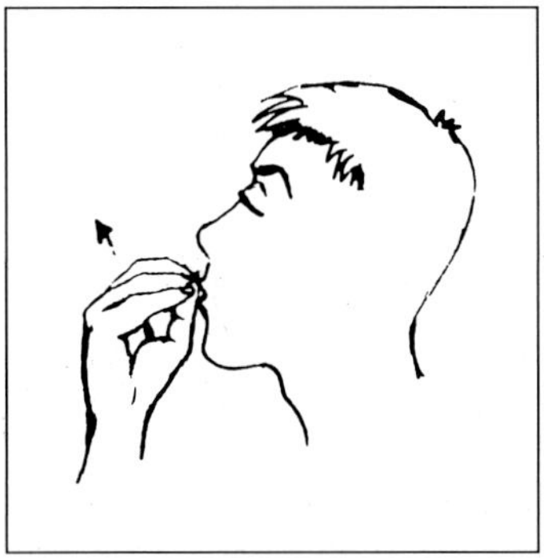

Baciarsi la punta delle dita
(informale, indica approvazione per qualcosa; spesso riferito al cibo, può anche essere leggermente volgare, se riferito da un uomo a una ragazza)
Riferito al cibo:
«Al bacio!»
«Ottimo!»
«Eccellente!»
«Delizioso!»
Riferito a una ragazza:
«È proprio un bel bocconcino*!»
«Eccezionale!»

28

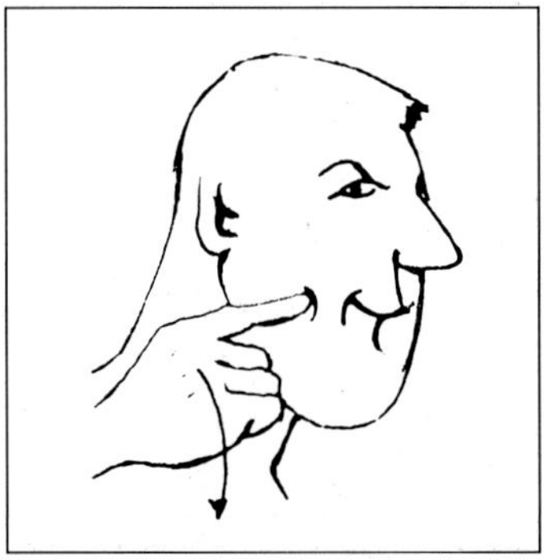

Ruotare l'indice a vite sulla guancia
(informale, indica approvazione per un cibo)

«Buono!»
«Ottimo!»
«Eccellente!
«Delizioso!»
«Da leccarsi i baffi*!»
«Dice mangiami mangiami*!»

II. STATI EMOTIVI E SENTIMENTI

ESPRIMERE DISAPPROVAZIONE

29

Battere la mano a taglio contro lo stomaco (informale, indica disapprovazione o antipatia per qualcuno)

«Mi sta qui.»
«Mi sta (ce l'ho) sullo stomaco.»
«Mi sta sull'anima (sulle scatole*) (sui coglioni**)»
«Mi è antipatico da morire.»
«Non lo sopporto.»
«Non lo posso soffrire.»
«Non lo reggo.»

30

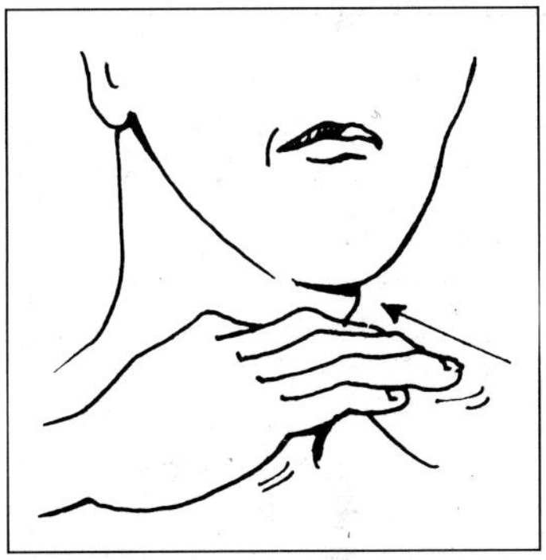

Battere la mano a taglio contro la gola (informale, indica disapprovazione o antipatia per qualcuno)
«Mi sta qui.»
«Mi sta sul gozzo*»
«Mi sta sull'anima (sulle scatole*) (sui coglioni**)»
«Mi è antipatico da morire.»
«Non lo sopporto.
«Non lo posso soffrire.»
«Non lo reggo.»

31

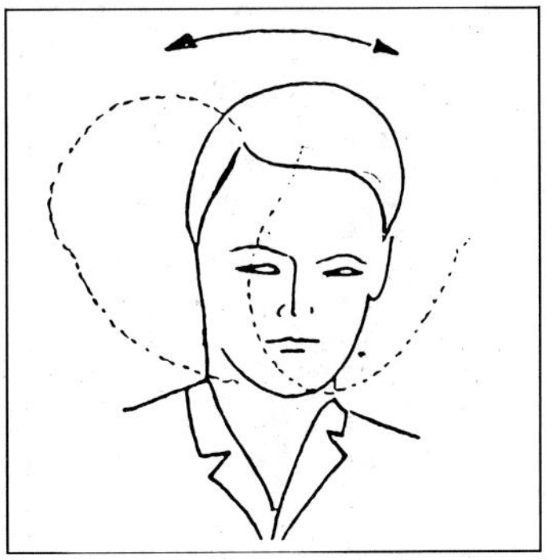

Scuotere leggermente la testa da una spalla all'altra (formale/informale, indica una leggera disapprovazione)

«Eh, eh...»
«Insomma...»
«Non si dovrebbe...»
«Non si potrebbe...»

II. STATI EMOTIVI E SENTIMENTI

ESPRIMERE NOIA

32

Accarezzarsi il mento
(informale)

«Uffa!»
«Che noia!»
«Che barba*!»

33

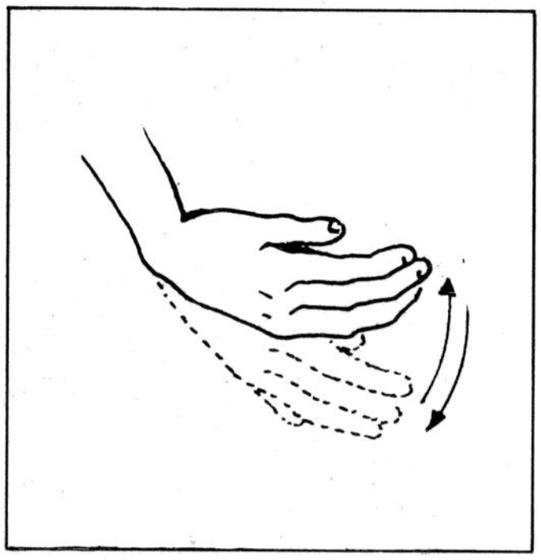

Scuotere la mano davanti allo stomaco
(informale)

«Uffa!»
«Che noia!»
«Che barba* (pizza*) (palle**)!»
«Non ne posso più!»
«Mi sono proprio stufato* (scocciato*)!»
«Sono proprio stufo*!»

34

Tirare una linea davanti alla fronte con la mano rovescia
(informale)

«Ne ho fin qui!»
«Ne ho fin sopra i capelli!»
«Sono proprio stufo*!»

II. STATI EMOTIVI E SENTIMENTI

ESPRIMERE NOIA

35

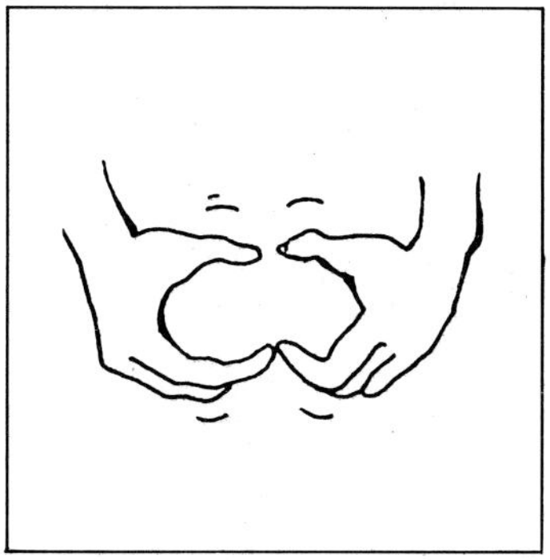

Muovere le mani con pollici e indici uniti
(informale/volgare)

«Che palle**!»
«Mi sono fatto un paio di palle** (scatole*)...»

ESPRIMERE PAURA

36

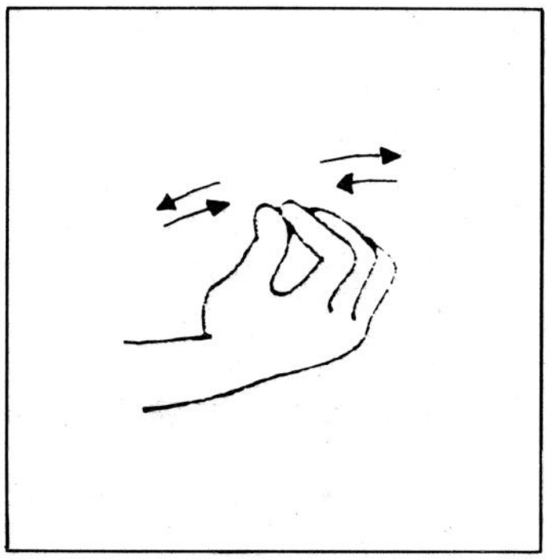

Chiudere e aprire la mano a borsa
(informale)

«Che paura (strizza*) (fifa*)!»
«Ho una paura (strizza*) (fifa*)...»
«Ho una paura (fifa*) del diavolo!»
«Mi sono preso una paura (uno spavento)!»
«Sto per farmela addosso dalla paura (fifa*)...»

III. PROGETTI DI AZIONE

Azioni che riguardano noi stessi: GIURARE

37

Mettersi la mano sul cuore
(formale / informale)

«Lo giuro!»
«Parola mia!»
«Parola d'onore!»
«Vi (ti) (Le) do la mia parola!»

38

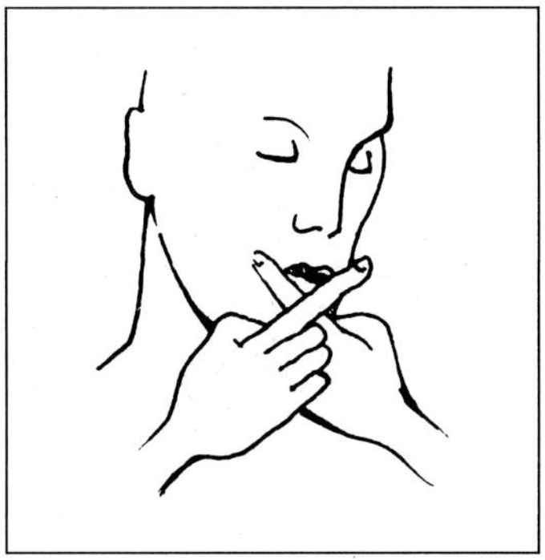

Baciarsi le dita incrociate
(informale, usato specialmente dai bambini)

«Giuro!»
«Lo giuro!»

III. PROGETTI DI AZIONE

Azioni che riguardano gli altri: INVITARE AD AVVICINARSI

39

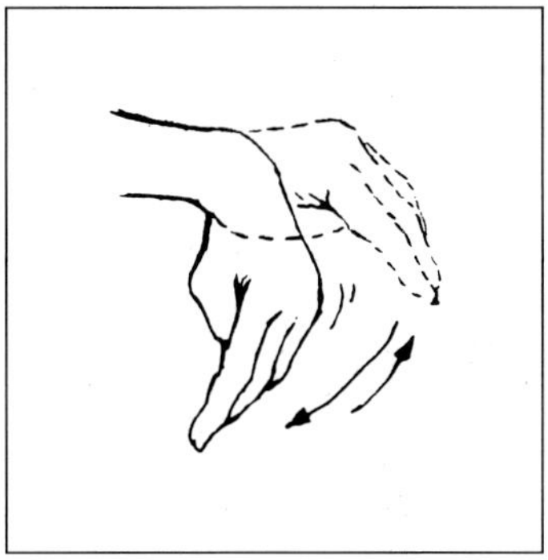

Agitare la mano a palmo in giù
(informale)

«Vieni qui (qua)!»
«Avvicinati!»
«Vieni più vicino!»

40

Agitare la mano a palmo in su
(informale)

«Vieni qui (qua)!»
«Avvicinati!»
«Vieni più vicino!»

41

Muovere l'indice avanti e indietro
(informale, si usa di solito con i bambini o con gli amici, e contiene una larvata minaccia, anche se generalmente solo scherzosa; con uno sconosciuto invece è piuttosto scortese)

«Vieni qui, tu!»
«Vieni un po' qui!»
«Vieni avanti, che ora ti faccio vedere io...»

III. PROGETTI DI AZIONE

Azioni che riguardano gli altri: INVITARE AD ALLONTANARSI

42

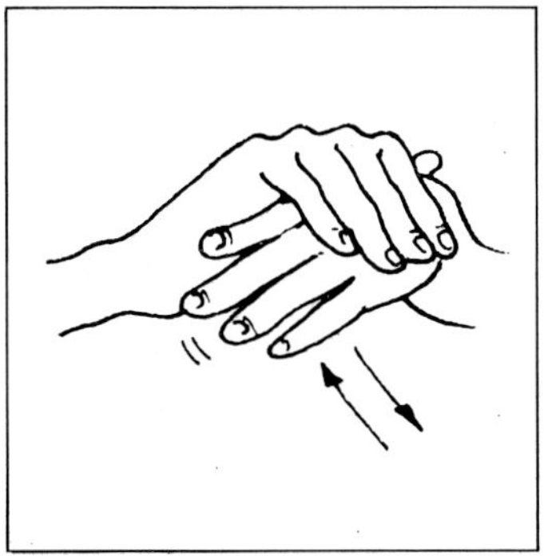

Battere la mano contro il palmo / fare la mano mozza
(informale, può diventare scortese se non vi è sufficiente familiarità fra gli interlocutori o se è accompagnato da un'espressione irata del viso)

«Vai via!»
«Vattene!»
«Fila* (smamma*) (sparisci)!»
«Levati di torno!»
«Levati dalle palle**!»

43

Ruotare la mano con le dita piegate
(informale, può diventare scortese se non vi è sufficiente familiarità fra gli interlocutori o se è accompagnato da un'espressione irata del viso)

«Vai via!»
«Vattene!»
«Fila* (smamma*) (sparisci)!»
«Levati di torno!»
«Levati dalle palle**!»

Azioni che riguardano gli altri: INVITARE A FARE SILENZIO

44

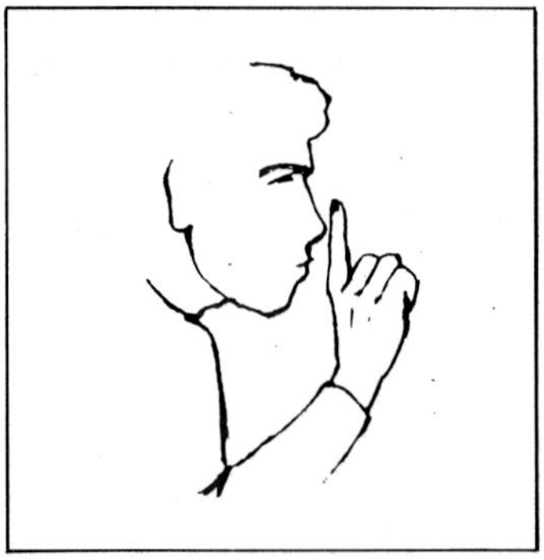

Mettere l'indice davanti alla bocca
(informale, si usa con i bambini o i familiari e può avere anche un tono di complicità, per esempio nel caso di un segreto da mantenere)
«Ssst!»
«Silenzio!»
«Zitto!»
«Taci!»
«Non dire niente!»
«Acqua in bocca!»
«Muto come un pesce, eh!»

III. PROGETTI DI AZIONE

Azioni che riguardano gli altri: INVITARE A FARE CON CALMA

45

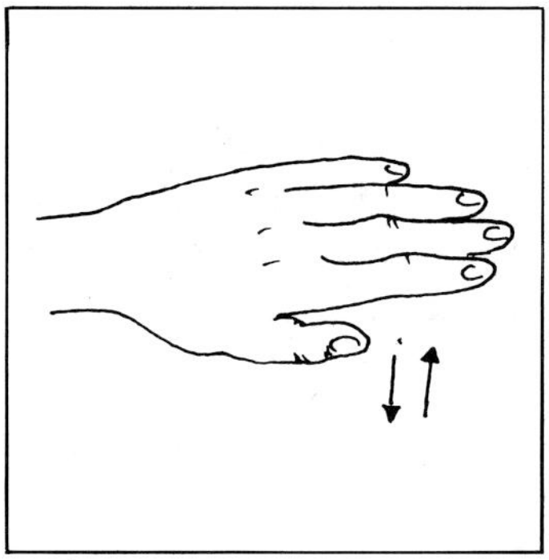

Abbassare e alzare più volte la mano rovescia
(formale / informale, indica un invito a rallentare, ad agire con più calma e meno violenza, a parlare più lentamente o più a bassa voce)

«Calma!»
«Piano!»
«Più piano!»
«Non così forte!»

46

Muovere avanti e indietro le mani aperte
(formale / informale, indica un invito a calmarsi e può avere anche un tono scortese, secondo la situazione)

«Calma!»
«Stai calmo!»

Azioni che riguardano gli altri: INVITARE AD UN ACCORDO

47

Strizzare un occhio / fare l'occhiolino / fare l'occhietto / ammiccare
(informale, serve per invitare l'interlocutore a un accordo o a un'intesa segreta a proposito di qualcosa che è implicito nel dialogo o nella situazione; può essere volgare se rivolto da un uomo a una sconosciuta, perché in tal caso l'accordo è inteso in termini sessuali)

«Siamo intesi (d'accordo)?»
«Va bene?»
«OK?»
«Ci stai?»

III. PROGETTI DI AZIONE

Azioni che riguardano gli altri: INVITARE A FARE ATTENZIONE

48

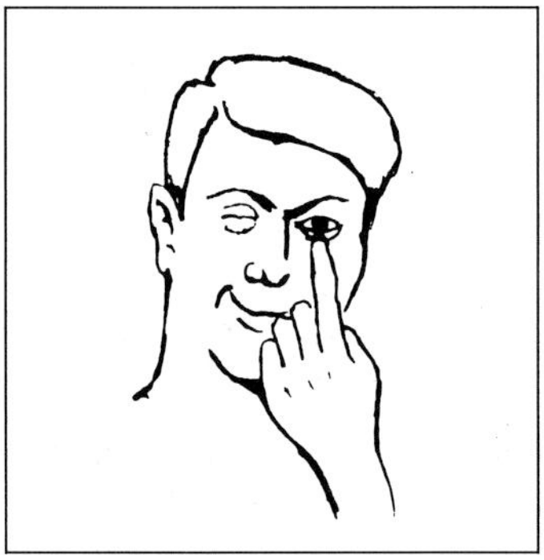

Abbassare la palpebra inferiore con un dito
(informale, è un invito a fare attenzione a qualcosa di pericoloso o di losco)

«Mi raccomando!»
«Fai attenzione!»
«Occhio!»
«Attenzione!»
«Non fare il fesso*!»

Azioni che riguardano gli altri: INVITARE A DARE UN PASSAGGIO

49

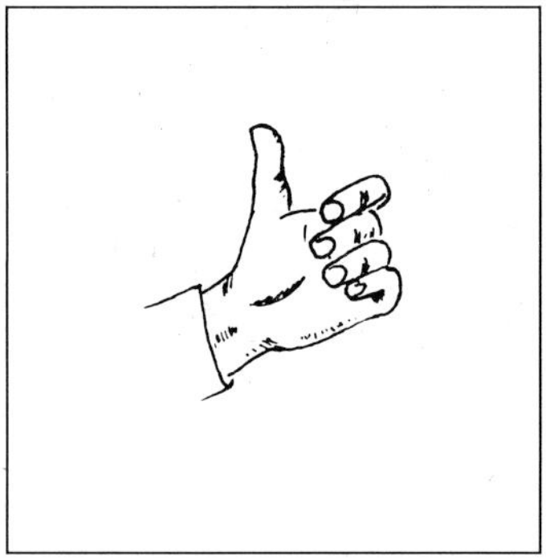

Alzare il pollice
(il gesto indica la richiesta di un passaggio in auto, moto o altro mezzo privato di trasporto; viene fatto lungo una strada transitata e rivolto ai veicoli di passaggio)

«Potrebbe darmi un passaggio, per favore?»

Azioni che riguardano gli altri: INVITARE ALLA CONCISIONE

50

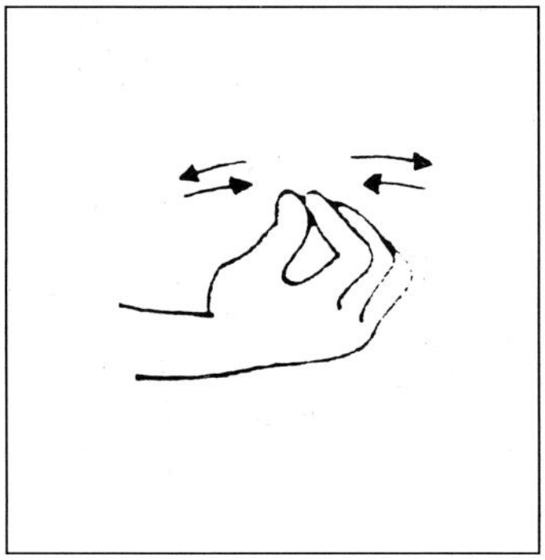

Chiudere e aprire la mano a borsa
(informale, invita ad essere più breve e coinciso qualcuno che si sta dilungando nel discorso)

«Stringi!»
«Taglia!»
«Vieni (vai) al sodo!»
«Vieni (vai) al nocciolo della faccenda (questione!»

III. PROGETTI DI AZIONE

Azioni che riguardano gli altri: AMMONIRE

51

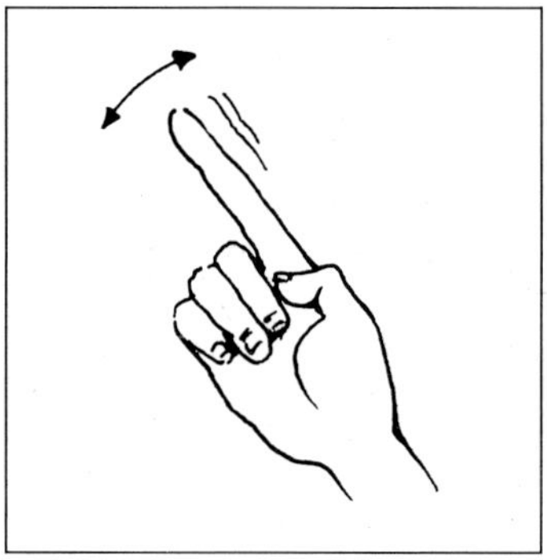

Muovere l'indice teso
(informale, usato spesso con i bambini per invitarli a soppesare le conseguenze di un comportamento scorretto)

«Attento...»
«Bada...»
«Eh, eh, eh...»
«Non si fa così, se no...»

Azioni che riguardano gli altri: AUGURARE IL MALE

52

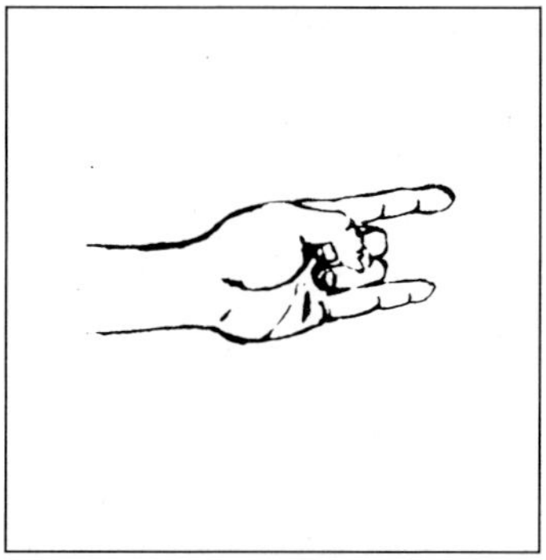

Fare le corna orizzontali
(volgare)

«Accidenti a te!»
«Ti venisse un accidente!»
«Speriamo che tu crepi*!»

Azioni che riguardano gli altri: CONSOLARE

53

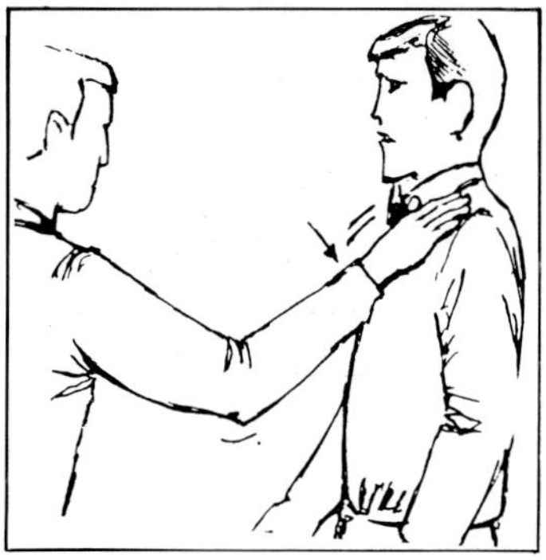

Dare una pacca sulla spalla
(informale)

«Forza!»
«Coraggio!»
«Via!»
«Dai!»
«Su!»
«Non te la prendere!»
«Ti capisco!»

III. PROGETTI DI AZIONE

Azioni che riguardano gli altri: MINACCIARE

54

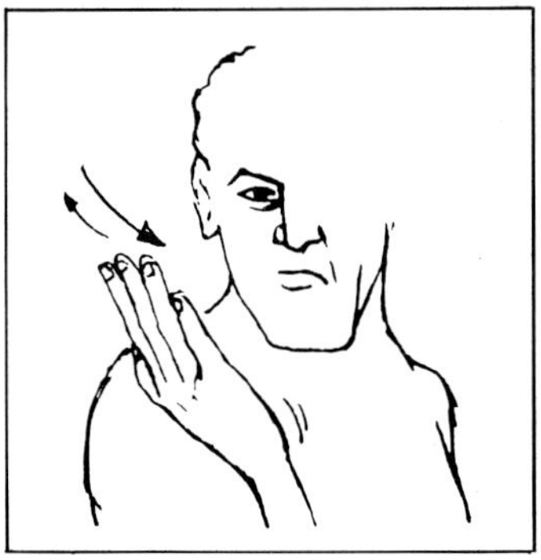

Agitare la mano a taglio
(informale, usato soprattutto con i bambini per minacciare una punizione, ma anche in tono scherzoso con amici o conoscenti)

«Ora le prendi!»
«Ora ne buschi*!»
«La sai lunga...»
«Ci vorrebbe una tiratina d'orecchi...»

55

Mordersi la mano
(informale, usato soprattutto con i bambini per minacciare una punizione)

«Avrei una voglia di dartele...»
«Avrei una voglia di suonartele»
«Che voglia di dartele!»
«Me le leveresti di mano!»

56

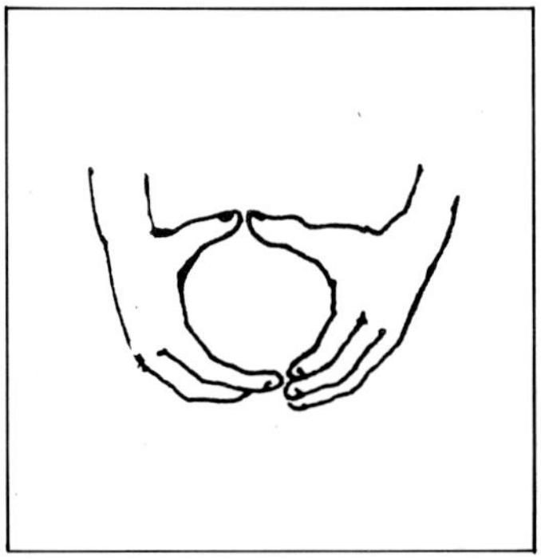

Unire gli indici e i pollici a cerchio
(volgare)

«Ora ti faccio un culo** così!»
«Ora ti faccio un culo** come un secchio!»

III. PROGETTI DI AZIONE

Azioni che riguardano noi o gli altri: AUGURARE IL BENE

57

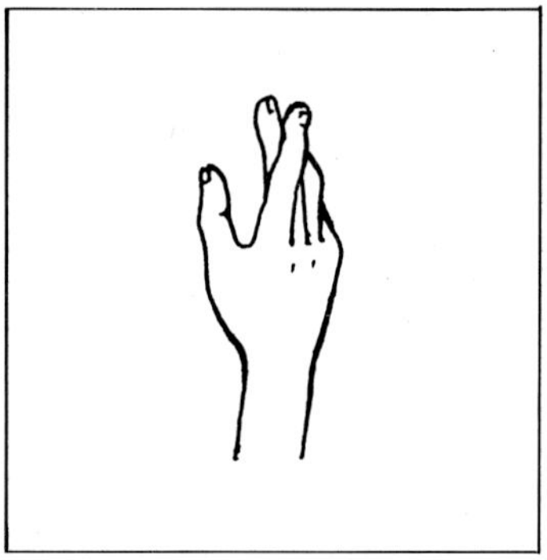

Incrociare le dita
(informale, è usato per augurare il bene a sé o all'interlocutore, p. es. prima di un esame o una prova difficile)

«Buona fortuna!»
«Incrocio le dita!»
«Speriamo che vada tutto bene!»

Prima di un esame scolastico:
«In bocca al lupo!» (risposta: «Crepi!»)

Azioni che riguardano noi o gli altri: ALLONTANARE IL MALE

58

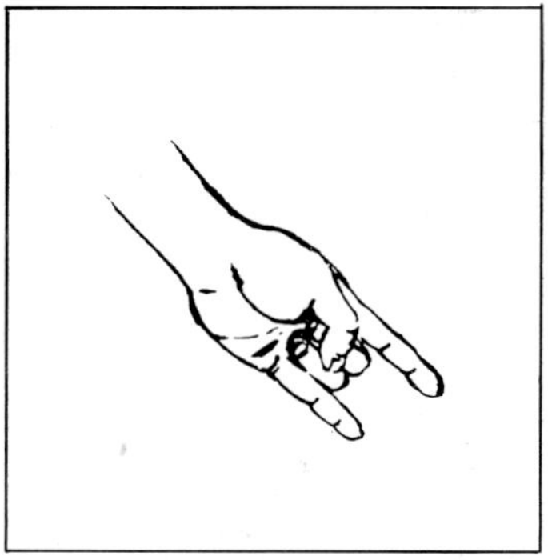

Fare le corna verso il basso o verso l'alto
(informale, è usato per proteggersi dalla sfortuna o da un pericolo, anche solo evocato da un'immagine o da una parola)

«Tie'!»
«Corna!»
«Faccio le corna!»
«Speriamo di no!»
«Tocco ferro!»

IV. DOMANDE E RISPOSTE

DOMANDARE

59

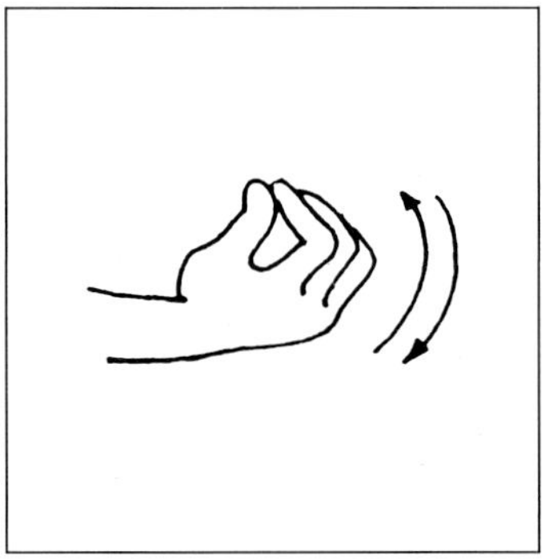

Muovere la mano a borsa
(informale, è usato per accentuare il tono stupito, seccato o indifferente della domanda)

«Ma cosa vuoi?»
«Che vuoi?»
«Ma che fai?»
«Ma che stai dicendo?»
«Ma chi ti ha chiesto niente?»
«E allora?»

60

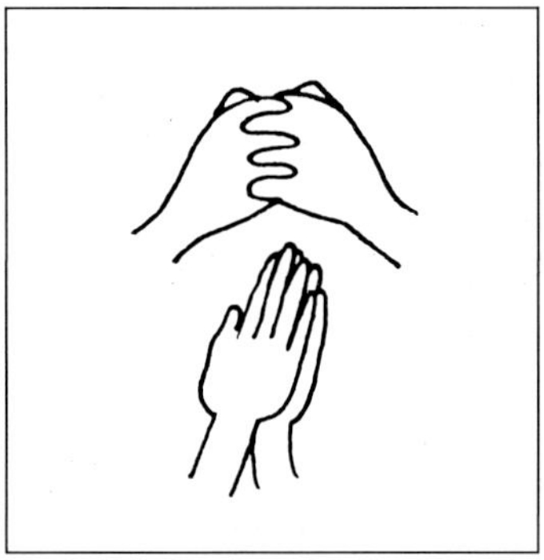

Tenere le mani giunte
(formale/informale, dà alla domanda una connotazione di preghiera e implorazione insistente)

«Su!»
«Via!»
«Per favore!»
«Per piacere!»
«Dai!»
«Ti prego!»

61

Muovere le mani giunte
(formale/informale, dà alla domanda un tono implorante, spesso per esprimere la propria impossibilità nel fare qualcosa)

«Come posso fare?»
«Ma come faccio?»
«E io cosa posso farci?»

IV. DOMANDE E RISPOSTE

RISPONDERE IN MANIERA AFFERMATIVA

62

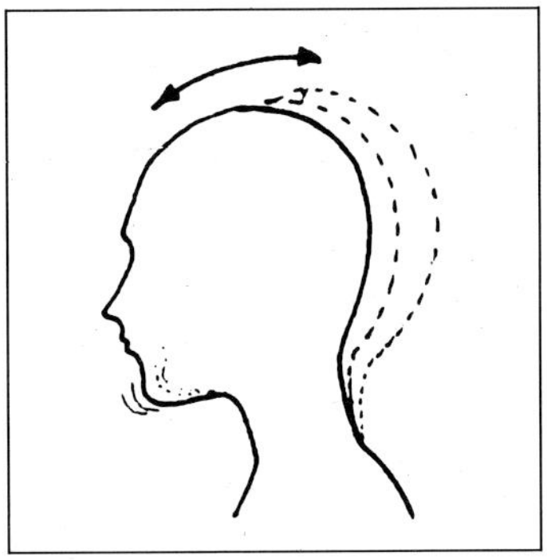

Muovere il viso in su e in giù / annuire
(formale/informale)

«Sì!»
«Certo!»
«Certamente!»
«Sicuro!»
«Sicuramente!»
«Chiaro!»
«Come no!»

RISPONDERE IN MANIERA NEGATIVA

63

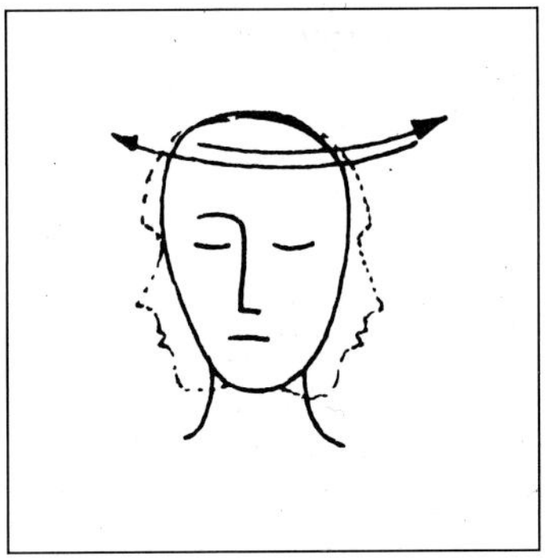

Muovere il viso da destra a sinistra / scuotere la testa
(formale / informale, indica un netto rifiuto)

«No!»
«No di certo!»
«No di sicuro!»
«No davvero!»
«Certo che no!»
«Neanche per idea!»
«Nemmeno per sogno!»

IV. DOMANDE E RISPOSTE

RISPONDERE IN MANIERA NEGATIVA

64

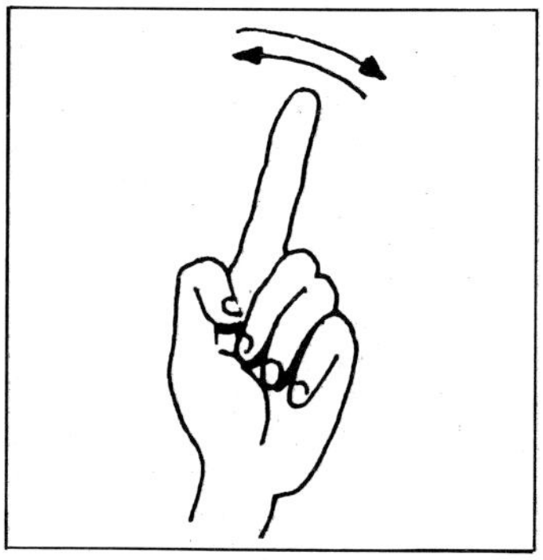

Scuotere l'indice teso
(informale, spesso familiare o scherzoso)

«Niente da fare»
«Noo...»

65

Darsi un colpetto sui denti
(informale, raro, può essere scortese o scherzoso secondo la minore o maggiore familiarità che si ha con l'interlocutore)

«Non ci penso neanche (nemmeno) (neppure)!»
«Nemmeno per sogno!»
«Neanche per idea!»
«Ma nemmeno...»
«Figuriamoci!»

66

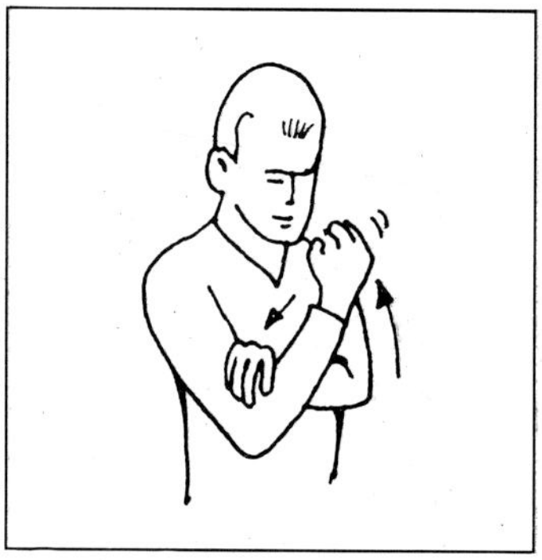

Fare lo scatto dell'avambraccio
(volgare)

«Non ci penso nemmeno!»
«Neanche per idea!»
«Nemmeno per sogno!»
«Ma nemmeno...»
«Figuriamoci!»
«In culo**!»
«Col cavolo*...»

IV. DOMANDE E RISPOSTE

RISPONDERE IN MANIERA DUBBIOSA

Ruotare l'indice e il pollice
(informale)

«C'è poco da fare!»
«Ci sono poche possibilità!»
«Ci sono poche speranze!»

67

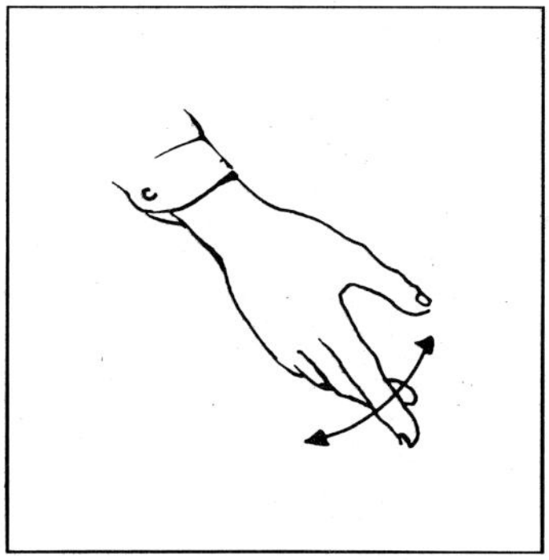

Scuotere la testa da una spalla all'altra
(formale/informale, esprime una risposta dubbiosa, più negativa che positiva)

«Insomma...»
«Mmm... penso di no.»
«Non si potrebbe, ma forse...»

68

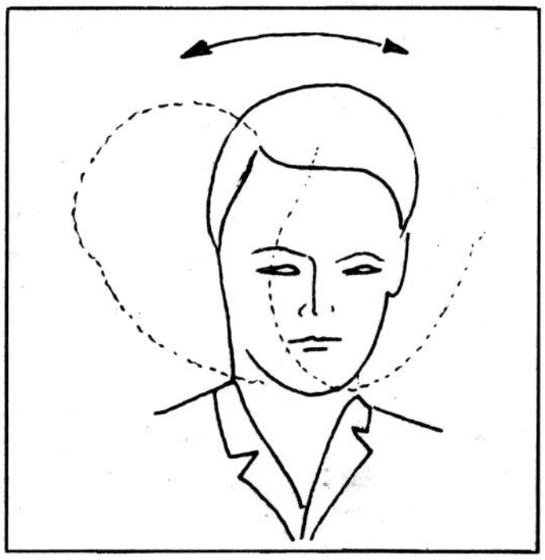

IV. DOMANDE E RISPOSTE

RISPONDERE IN MANIERA INDIFFERENTE

69

Passarsi la mano sotto il mento
(informale)

«Non me ne importa (frega*) niente.»
«Chi se ne importa (frega*) (fotte**)!»
«Che mi (me ne) importa (frega*)?»
«Non me ne importa (frega*) un fico secco»
«Me ne frego* (infischio*) (sbatto**)!»
«E a me?»

70

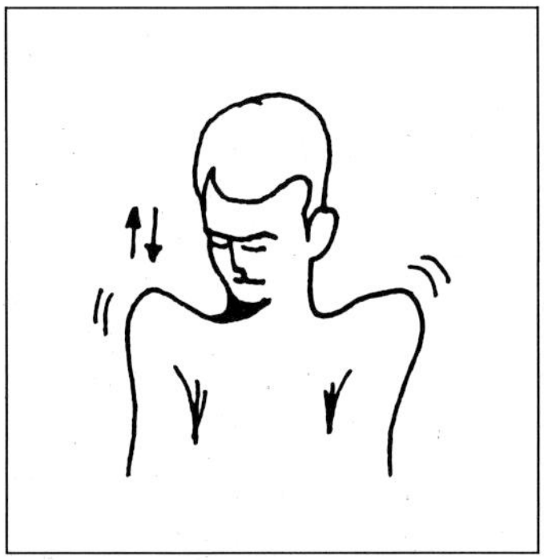

Alzare le spalle / fare spallucce
(informale)

«Non me ne importa (frega*) niente.»
«Chi se ne importa (frega*) (fotte**)!»
«Che mi (me ne) importa (frega*)?»
«Non me ne importa (frega*) un fico secco»
«Me ne frego* (infischio*) (sbatto**)!»
«E a me?»

71

Tirare indietro le mani aperte
(formale/informale, serve per evitare di esprimere un giudizio preciso, per cercare di non influenzare gli altri con un proprio parere, per proclamare la propria estraneità a un fatto)
Parere personale:
«Così almeno credo...»
«Parere personale, eh!»
Estraneità:
«Ah, io non c'entro niente!»
«Io me ne lavo le mani!»
«Mah, fate come volete!»

V. OPINIONI

Indicare le caratteristiche di qualcuno: OMOSESSUALITÀ

72

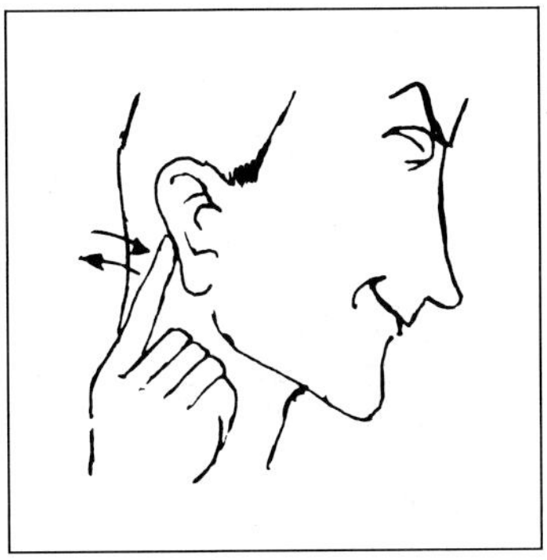

Toccarsi l'orecchio
(informale, è riferito di solito a una terza persona)

«È un omosessuale.»
«Quello è un finocchio*.»
«Quello è un frocio** (una checca**).»

Indicare le caratteristiche di qualcuno: INFEDELTÀ CONIUGALE

73

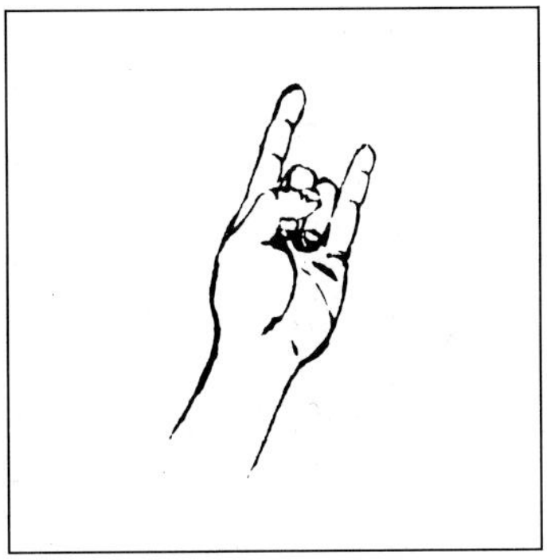

Fare le corna verticali
(informale, indica la condizione di tradito o di tradita dell'interlocutore o di una terza persona)
Se il gesto è diretto a chi ascolta:
«Sei un becco*!»
«Sei un cornuto*!»
Se il gesto è riferito a una terza persona:
«Quello è un cornuto*!»
«Quello è becco*!»
«Sua moglie gli mette le corna!»
«Suo marito le mette le corna!»

Indicare le caratteristiche di qualcuno: FORTUNA

74

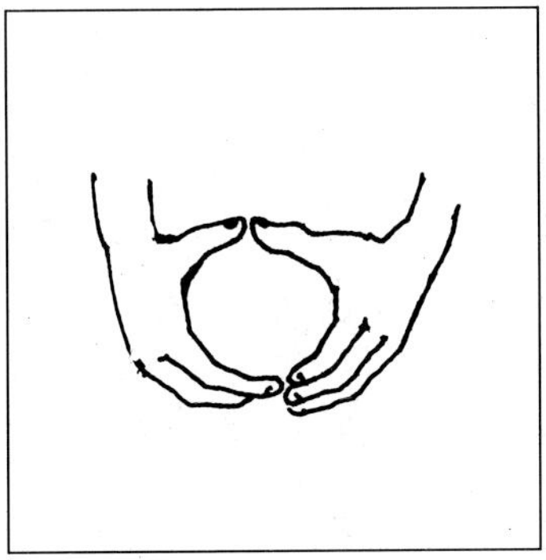

Unire gli indici e i pollici a cerchio
(informale/volgare)

Se il gesto è diretto a chi ascolta:
«Hai avuto una fortuna sfacciata!»
«Hai avuto un culo** così!»
Se il gesto è riferito a una terza persona:
«Ha avuto una fortuna sfacciata!»
«Ha avuto un culo** così!»

V. OPINIONI

Indicare le caratteristiche di qualcuno: AMICIZIA

75

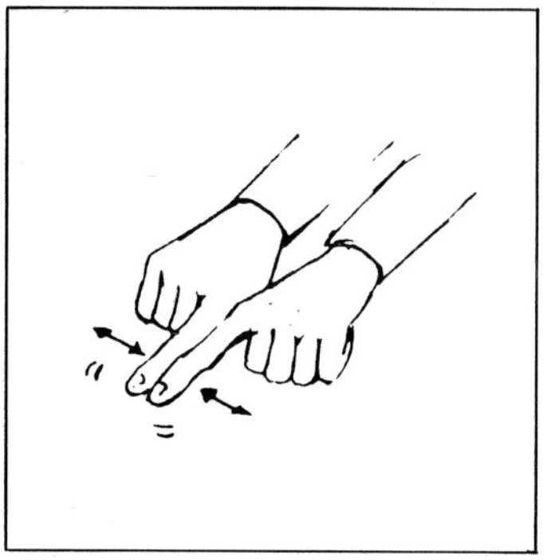

Avvicinare gli indici tesi
(informale, indica amicizia fra due persone; spesso è sottinteso un legame losco, nascosto o finalizzato a scopi poco limpidi)

«Quei due sono d'accordo.»
«Quei due se la intendono.»
«Quei due sono pane e cacio*.»
«Quei due sono culo e camicia*.»
«Quei due sono pappa e ciccia*.»

Indicare le caratteristiche di qualcuno: INIMICIZIA

76

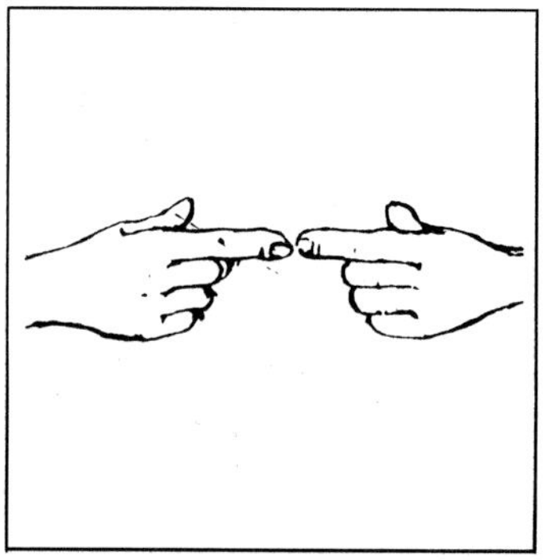

Toccare insieme le punte degli indici
(informale, indica inimicizia fra due persone, specialmente quella che nasce da opposizione di idee e che provoca forte antagonismo)

«Quei due non vanno per niente d'accordo.»
«Quei due non si possono vedere.»
«Quei due sono come cane e gatto.»
«Quei due sono come il diavolo e l'acqua santa.»

Indicare le caratteristiche di qualcuno: OSTINAZIONE

77

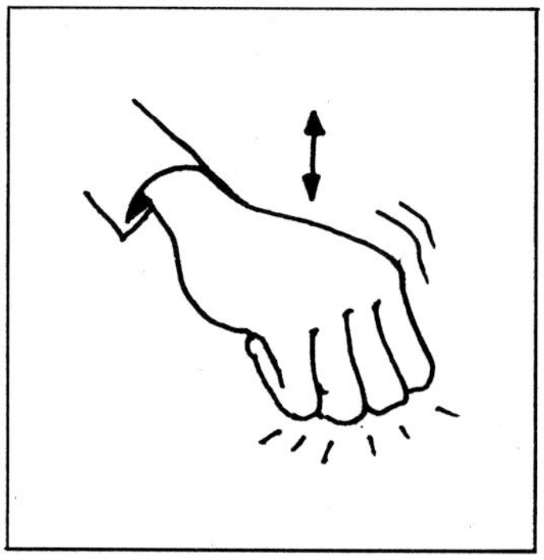

Picchiare con le nocche del pugno
(informale, indica di solito ostinazione o scarsa intelligenza di una terza persona)

Per indicare ostinazione:
«È testardo (cocciuto) (ostinato)...»
«È duro come un mulo!»
«È peggio di un mulo!»

Per indicare scarsa intelligenza:
«È duro come il legno!»

V. OPINIONI

Indicare le caratteristiche di qualcuno: FURBIZIA

78

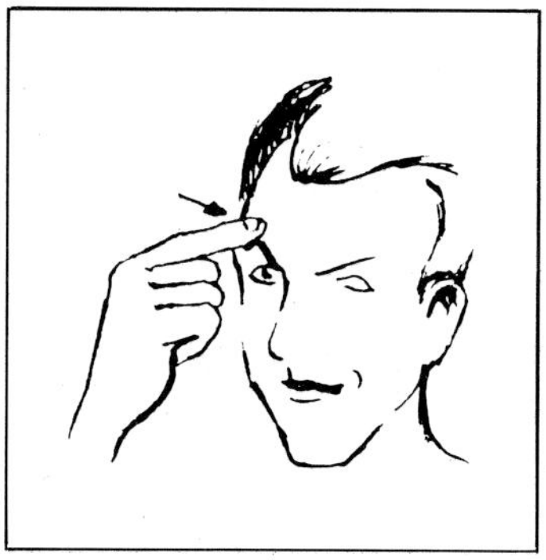

Puntarsi l'indice alla fronte
(informale)

«Bisogna usare il cervello!»
«Ci vuole cervello!»
«Ci vuole furbizia!»
«Ci vuole intelligenza!»

79

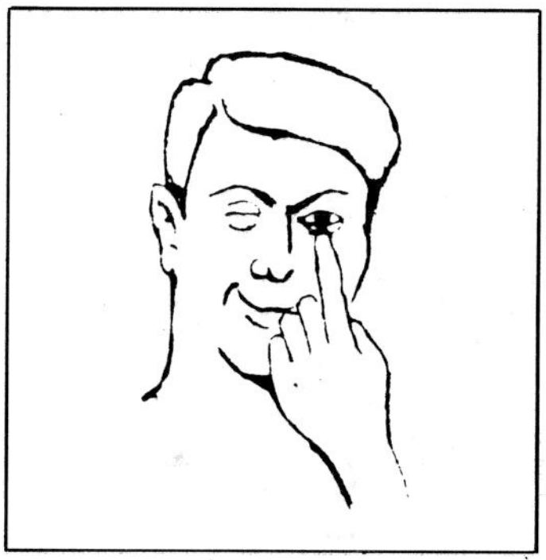

Abbassare la palpebra inferiore con l'indice
(informale, indica furbizia di chi parla, di chi ascolta o di una terza persona)

Se il gesto è riferito a chi parla:
«Non sono mica stupido (scemo) (fesso*)!»
«Non me la dai a bere»

Se è diretto a chi ascolta:
«Sei un dritto (un furbone)!»

Se è riferito a una terza persona:
«Mica scemo (fesso*), quello!»
«Quello è un bel dritto* (furbone)!»

V. OPINIONI

Indicare le caratteristiche di qualcuno: STUPIDITÀ o FOLLIA

80

Colpirsi la fronte con la mano a borsa
(informale, è usato per indicare stupidità o follia di altri o per negare stupidità o follia propria)

Se il gesto è diretto a chi ascolta:
«Ma tu sei tutto scemo (pazzo) (matto)!»
«Dai i numeri?»

Se è riferito a chi parla:
«Fossi scemo (matto)!»
«Non sono mica scemo (matto) (pazzo)!»
«Ohé, siamo matti (pazzi)?»
«Ma per chi mi hai preso?»

81

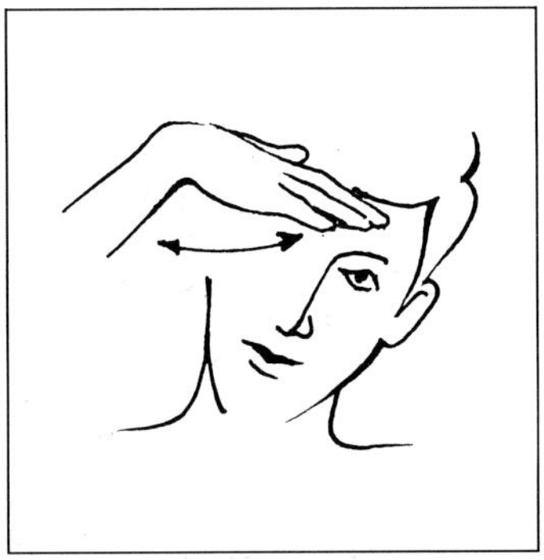

Sventolarsi la mano davanti alla fronte
(informale, è usato per indicare stupidità o follia di altri o per negare stupidità o follia propria)

Se il gesto è diretto a chi ascolta:
«Ma tu sei tutto scemo (pazzo) (matto)!»
«Dai i numeri?»

Se è riferito a chi parla:
«Fossi scemo (matto)!»
«Non sono mica scemo (matto) (pazzo)!»
«Ohé, siamo matti (pazzi)?»
«Ma per chi mi hai preso?»

82

Picchiettarsi la tempia con l'indice
(informale, indica stupidità o follia di una terza persona)

«Quello è scemo (fesso*) (stupido)»
«Quello è matto (pazzo)!»
«Non capisce mica, quello!»

V. OPINIONI

Indicare le caratteristiche di qualcuno: STUPIDITÀ o FOLLIA

83

Ruotare l'indice a vite sulla tempia
(informale, indica stupidità o follia di una terza persona)

«Quello è scemo (fesso*) (stupido)!»
«Quello è matto (pazzo)!»
«Quello è un po' svitato!»
«Quello da' i numeri!»
«Quello non ha mica tutte le rotelle a posto!»
«A quello, gli manca qualche rotella (qualche venerdì)!»

84

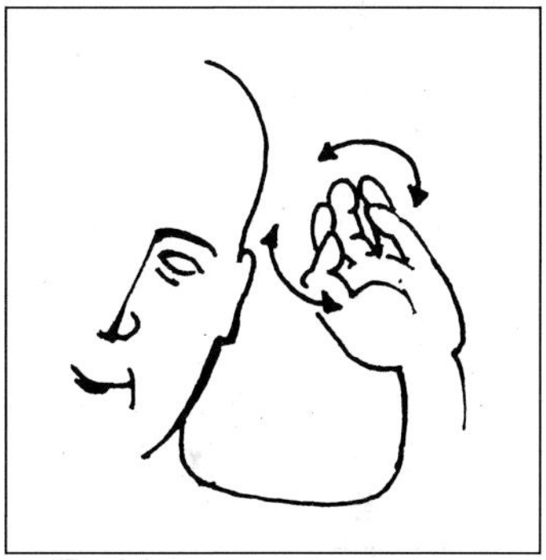

Ruotare la mano vicino alla tempia
(informale, indica stupidità o follia di una terza persona)

«Quello è scemo (fesso*) (stupido)!»
«Quello è matto (pazzo)!»
«Quello è un po' svitato!»
«Quello da' i numeri!»
«Quello non ha mica tutte le rotelle a posto!»
«A quello, gli manca qualche rotella (qualche venerdì)!»

85

Passare l'indice lungo la fronte
(informale, è usato per negare la propria presunta stupidità)

«Non sono mica fesso*, io!»
«Non ci ho mica scritto 'giocondo'*!»
«Cosa credi, che ci sia scritto 'giocondo'*?»

V. OPINIONI

Indicare le caratteristiche di qualcuno: STUPIDITÀ o FOLLIA

86

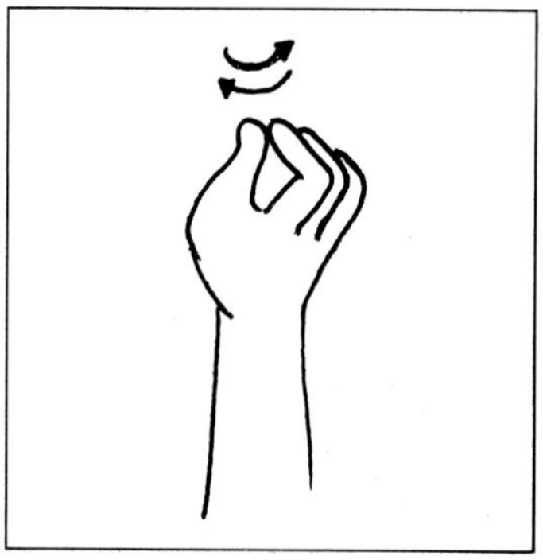

Ruotare la mano a borsa davanti al viso (informale, indica stupidità propria o di altri in relazione a una situazione precisa)

Se il gesto è riferito a chi parla:
«E io lì a fare la figura del fesso*...»
«E io lì come un cretino...»

Se è diretto a chi ascolta:
«E tu lì a fare la figura del fesso*...»
«E tu lì come un cretino...»

VI. DESCRIZIONI

Indicare fatti: CAMBIAMENTO COMPLETO

87

Rivoltare il dorso della mano
(formale / informale)

«È cambiato da così a così.»

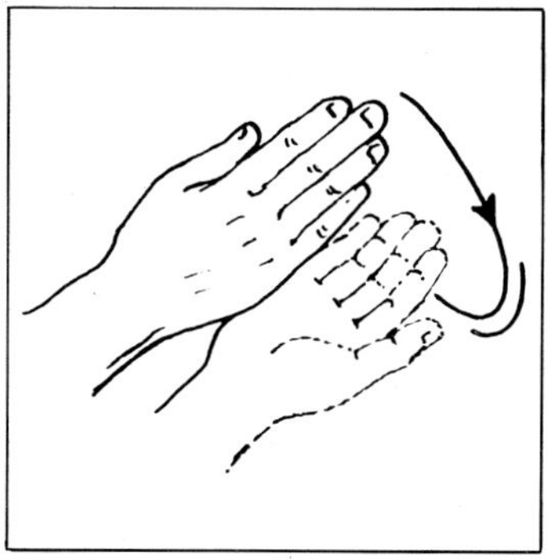

Indicare fatti: ALLONTANAMENTO

88

Battere la mano contro il palmo
(informale, indica allontanamento proprio o di altri)

Se il gesto è riferito a chi parla:
«Io me ne vado.»
«Io vado via.»
«Io taglio la corda.»
«Qui è meglio andarsene.»

Se è riferito ad altri:
«... via!»

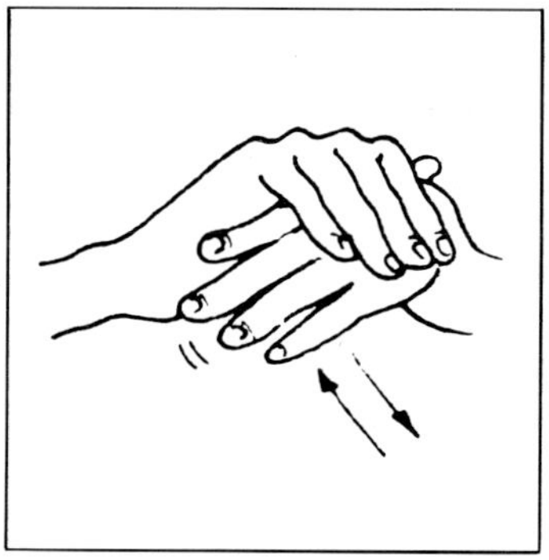

89

Ruotare la mano con le dita piegate
(informale, indica allontanamento proprio o di altri)

Se il gesto è riferito a chi parla:
«Io me ne vado.»
«Io vado via.»
«Io taglio la corda.»
«Qui è meglio andarsene.»

Se è riferito ad altri:
«... via!»

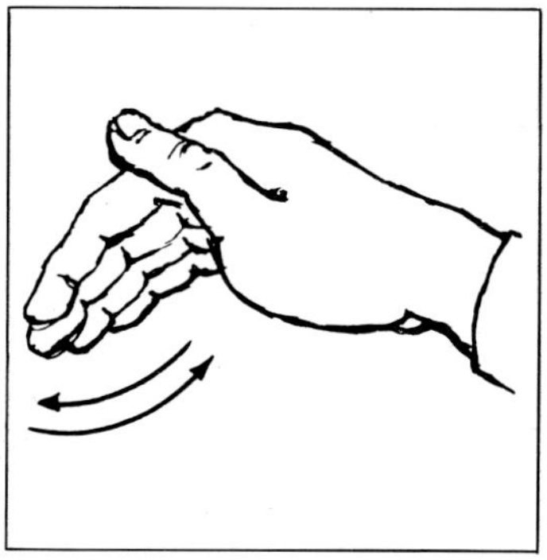

VI. DESCRIZIONI

Indicare fatti: SCAMPATO PERICOLO

90

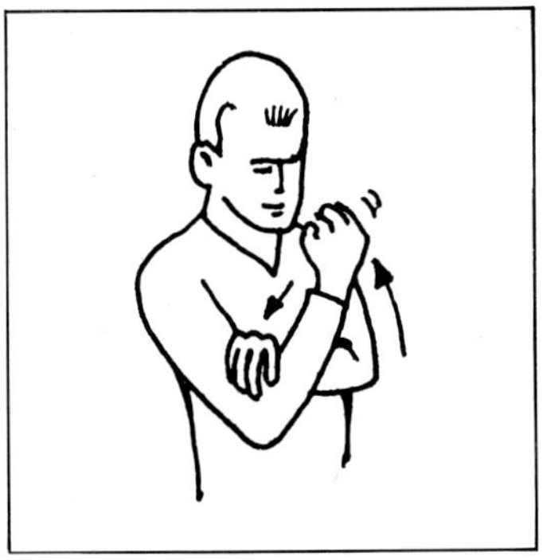

Fare lo scatto dell'avambraccio
(volgare, indica lo scampato pericolo, insieme allo scherno e all'insulto verso qualcuno o qualcosa a cui si è sfuggiti o si vuole sfuggire)

«Tiè!»
«Prenditi questo!»
«Ti vado in culo**!»

91

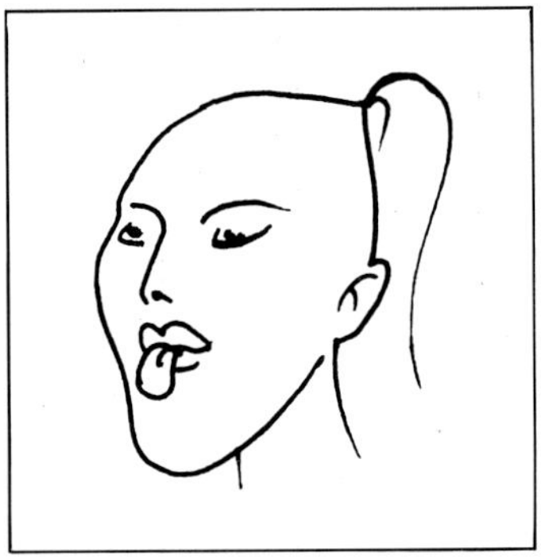

Tirare fuori la lingua / fare la linguaccia
(informale, usato spesso dai bambini, indica, oltre allo scampato pericolo, lo scherno verso qualcuno, dopo averne sfuggite le minacce)

«Bene! Ti ho fregato*!»
«Bene! Te l'ho fatta!»

Indicare fatti: BUGIA

92

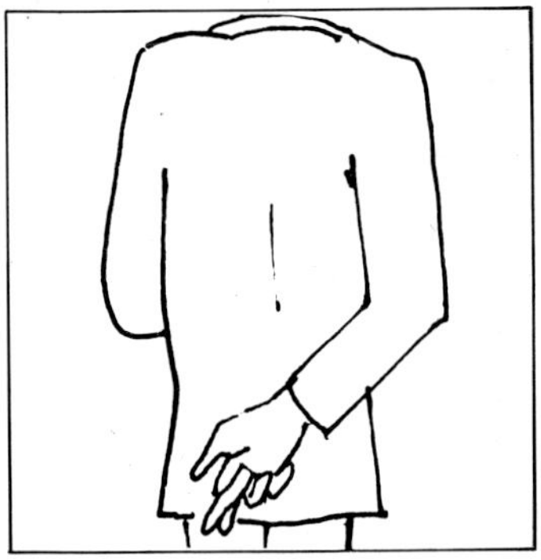

Tenere le dita incrociate nascoste
(informale, usato spesso dai bambini, indica che quello che si sta dicendo è falso; mai accompagnato dalle parole che ne esprimono il significato, è quasi un gesto scaramantico, usato per mettere in pace la propria coscienza).

«Quello che dico non è vero.»
«Dico così ma non è vero.»
«Sto dicendo una bugia.»

VI. DESCRIZIONI

Indicare fatti: DANNO SUBÌTO

93

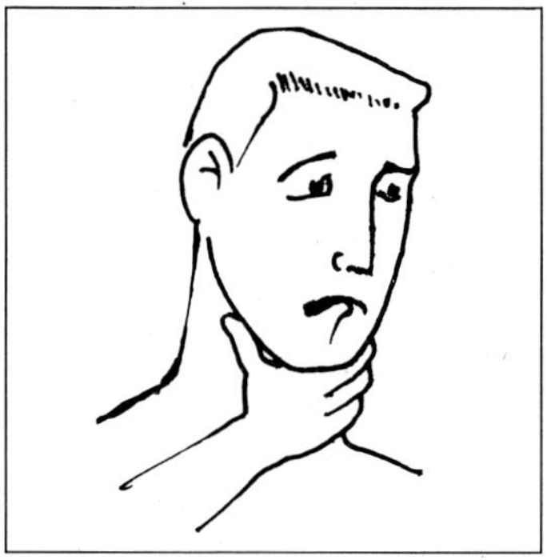

Afferrarsi il collo con la mano
(informale, indica un danno subíto per colpa di qualcuno, spesso in riferimento al costo eccessivo di qualcosa)

«Mi hanno messo con l'acqua alla gola»
«Mi hanno preso per il collo»
«Mi hanno dato una bella fregatura*»
«Ho preso una bella fregatura*»

Indicare fatti: INTESA

94

Strizzare un occhio / fare l'occhiolino / fare l'occhietto / ammiccare
(informale, indica un'intesa talvolta maliziosa con l'interlocutore, in riferimento a quello che si sta dicendo)

«Capisci cosa voglio dire...»
«Sai a cosa mi riferisco...»
«Sai a cosa alludo...»

Indicare cose o elementi concreti: MOLTITUDINE

95

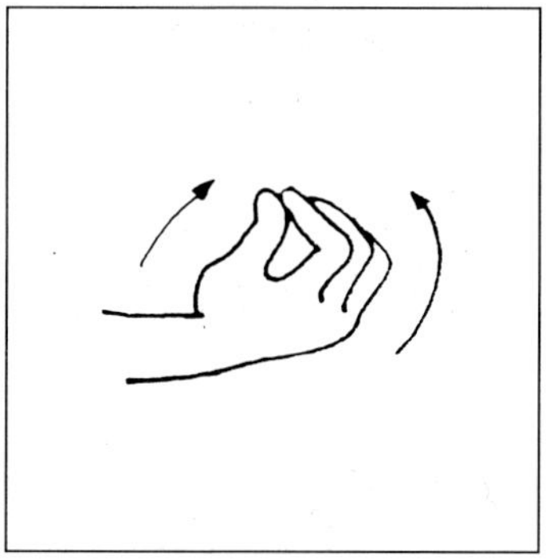

Chiudere la mano a borsa
(informale)

«... un sacco di gente...»
«... fitto così...»

VI. DESCRIZIONI

Indicare cose o elementi concreti: DENARO

96

Strofinare l'indice contro il pollice (informale)

«... soldi...»
«... denaro...»
«... quattrini...»

VII. INSULTI

INSULTARE

97

Alzare la mano dal basso verso l'alto
(informale)

«Ma va'...»
«Ma vai a quel paese!»
«Ma vai a farti benedire!»
«Ma vai a farti friggere!»
«Ma vai a farti fottere**!»
«Ma vai al diavolo!»

98

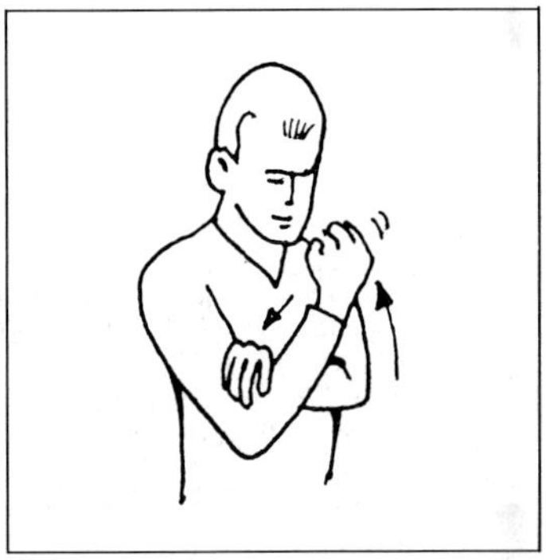

Fare lo scatto dell'avambraccio
(volgare)

«Vai a farti fottere**!»
«Vaffanculo**!»

99

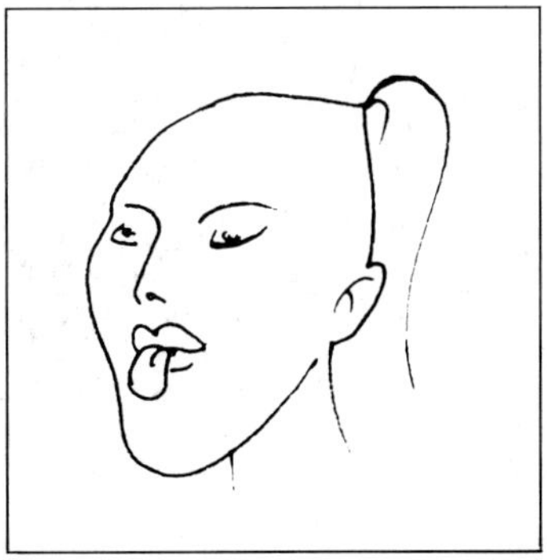

Tirare fuori la lingua / fare la linguaccia
(informale, se usato fra bambini o amici; volgare se usato verso sconosciuti)

«Scemo!»
«Stupido!»

VII. INSULTI

INSULTARE

100

Muovere la mano con il pollice che tocca la punta del naso / fare marameo
(informale, usato soprattutto dai bambini o da amici in tono scherzoso, esprime una presa in giro verso l'interlocutore; può anche essere fatto muovendo le mani aperte a lato degli orecchi e tirando fuori la lingua)

«Marameo*!»

SECONDA PARTE

ATTIVITÀ DIDATTICHE

1) *Alla ricerca di altri gesti*

Parlando con degli italiani, avrete forse notato qualche gesto significativo che non si trova fra quelli elencati nella prima parte del libro. Provate a mimare questo gesto, domandate a chi lo ha usato (o cercate di spiegare da soli) quale atto comunicativo esprime, a quale registro espressivo corrisponde (formale, informale o volgare) e quali espressioni linguistiche lo sostituiscono e/o accompagnano.

Completate quindi gli spazi vuoti con le informazioni che avrete raccolto, aggiungendo la vostra descrizione del gesto e una raffigurazione stilizzata.

ATTO COMUNICATIVO: ______________________________

BREVE DESCRIZIONE DEL GESTO:

____

REGISTRO ESPRESSIVO: ______________________________

ESPRESSIONI LINGUSITICHE CHE IL GESTO SOSTITUISCE E/O ACCOMPAGNA:

____

____

____

____

____

____

ATTO COMUNICATIVO: ______________________________

BREVE DESCRIZIONE DEL GESTO:

____

REGISTRO ESPRESSIVO: ______________________________

ESPRESSIONI LINGUSITICHE CHE IL GESTO SOSTITUISCE E/O ACCOMPAGNA:

____

____

____

____

____

____

ATTO COMUNICATIVO: ____________________

BREVE DESCRIZIONE DEL GESTO:

____

REGISTRO ESPRESSIVO: ____________________

ESPRESSIONI LINGUSITICHE CHE IL GESTO SOSTITUISCE E/O ACCOMPAGNA:

____

____

____

____

____

____

2) *Il confronto con lingue diverse*

Confrontate i gesti elencati nella prima parte del libro con quelli tipici del vostro Paese o della vostra regione:

— cercate quelli che sono uguali e usati con lo stesso significato, e calcolate quanti sono rispetto al numero dei gesti italiani qui elencati;

— cercate quei gesti che, pur essendo uguali, hanno significato diverso e spiegate in quale contesto e con quale funzione espressiva li usereste;

— guardate l'indice dei gesti e degli atti comunicativi; scegliete un atto comunicativo e pensate a quale gesto usereste per esprimerlo parlando nella vostra madrelingua; controllate poi qual è il gesto italiano corrispondente;

— qual è l'equivoco più ricorrente, a livello di linguaggio non verbale, in cui incorrono le persone del vostro Paese quando vengono in Italia?

— esistono dei gesti italiani che, pur esprimendo lo stesso atto comunicativo nella vostra lingua, hanno un registro espressivo diverso?

— esistono dei gesti nel vostro Paese che, pur essendo uguali o simili a gesti tipici italiani, hanno un significato diametralmente opposto?

3) *Gesti con più funzioni espressive*

Ognuno di questi gesti in Italia esprime più di un atto comunicativo: scrivete sotto a ciascuno almeno due delle possibili funzioni espressive corrispondenti:

A

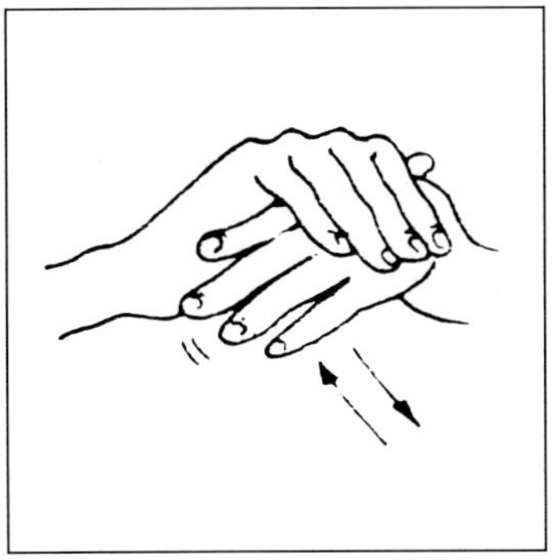

B

A: ①

A: ②

B: ①

B: ②

C

D

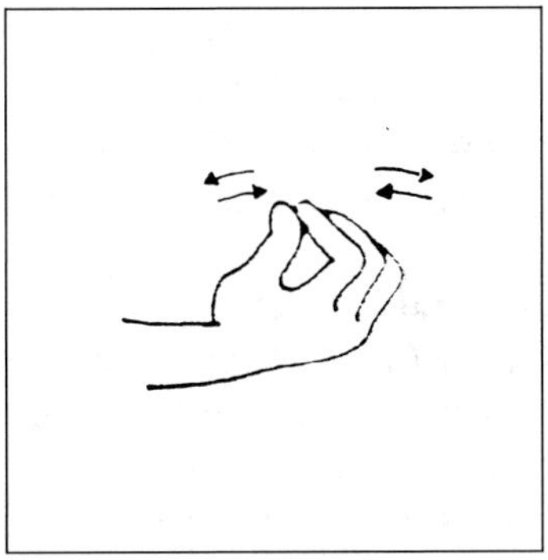

C: ①

C: ②

D: ①

D: ②

4) *Il mimo*

La classe si divide in due gruppi. Ogni gruppo deve inventare un dialogo in cui sia necessario usare qualche gesto significativo compreso fra quelli elencati nella prima parte del libro. Si tratterà di un dialogo breve e facile da drammatizzare, sul tipo di questo:

A: «Questo libro di chi è?»
B: «È mio!»
A: «No, non ci credo. Vuoi fare il furbo, eh?»

Dopo aver trascritto il dialogo, il primo gruppo lo dà a due studenti del gruppo avverso, che dovranno mimarlo ai propri compagni. Il gruppo che riuscirà a ricostruire esattamente le parole del dialogo otterrà un punto. Il gioco continua facendo mimare i dialoghi ogni volta da persone diverse. Alla fine vince naturalmente il gruppo che ha totalizzato più punti.

5) *Andiamo al cinema: occhio al gesto!*

Durante la proiezione di un film italiano, cercate di annotare (se ci sono) i gesti significativi che riconoscete, usando disegni, parole chiave, o brevi definizioni sul tipo di quelle che trovate per ogni gesto nella prima parte del libro. Al termine del film discutete sugli appunti che avete preso, facendo riferimento anche a queste osservazioni:

— in che periodo è ambientato il film?
— da quale regione d'Italia provengono i personaggi?
— a quali strati sociali appartengono?
— i gesti sono usati più dagli uomini o dalle donne?

6) *L'intervista*

Scegliete una fra queste fasce di età:

a) bambini e bambine dai 5 ai 10 anni;
b) ragazzi e ragazze dagli 11 ai 17 anni;
c) giovani dai 18 ai 30 anni;
d) adulti dai 31 ai 60 anni;
e) anziani dai 61 anni in su.

Trovate almeno 10 italiani la cui età è compresa nella fascia che avete scelto e intervistateli su un gesto fra quelli presentati nella prima parte del libro. Ad ogni persona proponete il seguente questionario, arricchito, se volete, da altre domande, e discutetene poi in classe i risultati:

SESSO	/ M / / F /
ETÀ	______________ anni
OCCUPAZIONE	______________
REGIONE IN CUI È VISSUTO PER LO PIÙ	______________
«Lei usa questo gesto?»	/ SÌ / / NO /
«Capisce questo gesto?»	/ SÌ / / NO /
«Quale atto comunicativo esprime per Lei?»	______________ ______________
«Sostituisce e/o accompagna delle parole?»	/ / sostituisce / / accompagna / / sostituisce o accompagna
«A quali parole corrisponde?»	______________ ______________ ______________
«A quale registro espressivo appartiene?»	/ / formale / / informale / / volgare
«Può fare un esempio di una situazione in cui lo userebbe?»	______________ ______________ ______________

7) *Il gesto nel dialogo*

Leggete la trascrizione di questi brevi dialoghi e individuate le parole che potrebbero essere accompagnate da un gesto adeguato al contesto. Sottolineate queste parole e scrivete a fianco il numero del gesto corrispondente, in base alla lista della prima parte del libro.

(1)

A: Ma... la lasci qui la macchina?   Gesto n. ____
Ma non vedi che è sosta vietata?
E se poi viene il vigile?
B: Pazienza! Che me ne importa!
Vorrà dire che prenderemo la multa!

(2)

A: Senti, scusa... Me le daresti mille lire per comprare un panino?   Gesto n. ____
B: Ma... Chi è Lei? Che cosa vuole?
Chi la conosce?

(3)

A: Mi dai le chiavi della macchina? — Gesto n. ____
B: Accidenti! Le ho lasciate in casa! E ora come facciamo?

(4)

A: Come è andata la partita? — Gesto n. ____
B: Vittoria! Li abbiamo stracciati!

(5)

A: Via... dai.. per piacere...
dammi una sigaretta... ti prego... — Gesto n. ____
B: Eh no, mi dispiace: è l'ultima e me la fumo io!

(6)

B: Senti, ma... sei stata tu a finire tutti i biscotti? — Gesto n. ____
A: Uh, si, mi dispiace...
B: Eh, ma non si fa così, eh!
Quando si finiscono, poi si ricomprano!

8) *Le foto dei giornali*

Nelle foto seguenti si vedono delle persone più o meno famose [1], che compiono dei gesti significativi:

— ricostruite (se possibile) dall'ambiente, dall'espressione dei volti o dal nome del personaggio, la situazione in cui quest'ultimo si trova e le emozioni che esprime;

— cercate nella prima parte del libro il numero del gesto corrispondente alla foto, indicando l'atto comunicativo che esprime;

— immaginate con quali parole la persona della foto potrebbe accompagnare quel gesto.

---

[1] La qualifica indicata fra parentesi è relativa alla data di pubblicazione della foto.

1) Gesto n. ________

FIRENZE — Nel 1985 oltre duemila fiorentini hanno viaggiato con la formula «autostop»; chiedendo cioè un passaggio automobilistico con partenza da Firenze, e diretti in tutta Europa, prenotato attraverso l'associazione «Allonsanfan» che per prima ha lanciato l'idea ora sperimentata anche in altre città. Prima del viaggio però i partecipanti si incontrano per il reciproco «gradimento»; viaggiatori hanno diviso le loro auto (a volte lussuose berline aziendali) con giovani di tutte le nazionalità per viaggi di trecento o duemila chilometri. Il sevizio «autostop» è infatti prescelto da un due terzi per motivi economici (dieci studenti su un pulmino a gasolio sono arrivati in Olanda spendendo 25 mila lire a testa), e da un terzo per non essere soli. «Autostop» diventa ora anche «navestop» con passaggi su navi private. Da Firenze è in funzione per ora con la Sardegna, autostop si è allargato anche a Napoli, Bari, Padova, Perugia, Roma, Cagliari.

da «La Nazione», 27.6.1986

2) Gesto n. ________

Luciano Lama, Pierre Carniti
e Giorgio Benvenuto
(segretari delle principali organizzazioni sindacali italiane).

da «L'Espresso», 24.7.1983

3) Gesto n. ________

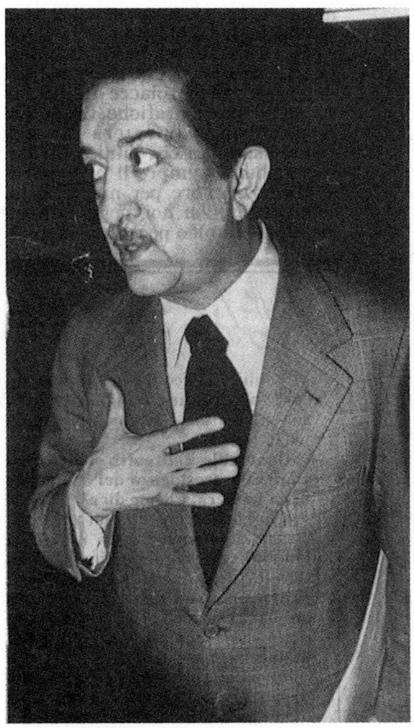

Franco Evangelisti
(politico esponente della Democrazia Cristiana)

da «L'Europeo», 16.7.1983

4) Gesto n. _______

Mino Damato
(giornalista e presentatore televisivo)
da «L'Automobile», 26.4.1986

5) Gesto n. _______

Loris Fortuna
(avvocato, esponente del Partito Socialista Italiano)
da «Panorama», 3.2.1985

6) Gesto n. _______

Giorgio Almirante
(segretario del Movimento Sociale Italiano Destra Nazionale)
da «L'Espresso», 25.11.1984

7) Gesto n. _______

Giovanni Spadolini
(segretario del Partito Repubblicano Italiano)
da «Panorama» 19.1.1986

8) Gesto n. _______

Vincenzo Scotti
(politico, esponente della Democrazia Cristiana)
da «L'Espresso», 5.8.1984

9) Gesto n. _______

Attilio Nicora
(vescovo ausiliare di Milano)
da «L'Espresso», 5.8.1984

10) Gesto n. _______

Ugo Vetere (sindaco di Roma)
da «L'Europeo», 23.3.1985

11) Gesto n. ______

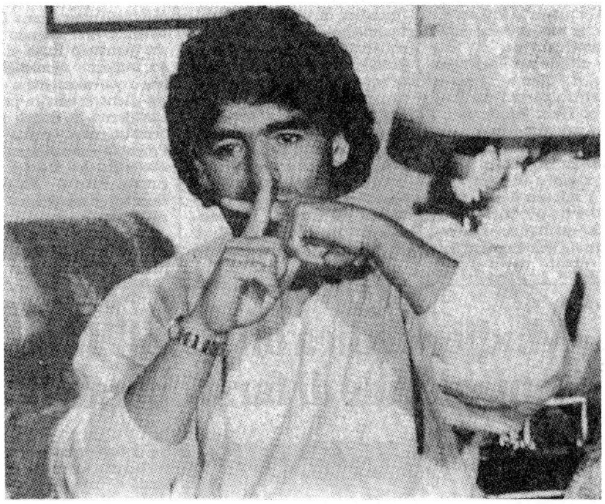

12) Gesto n. ______

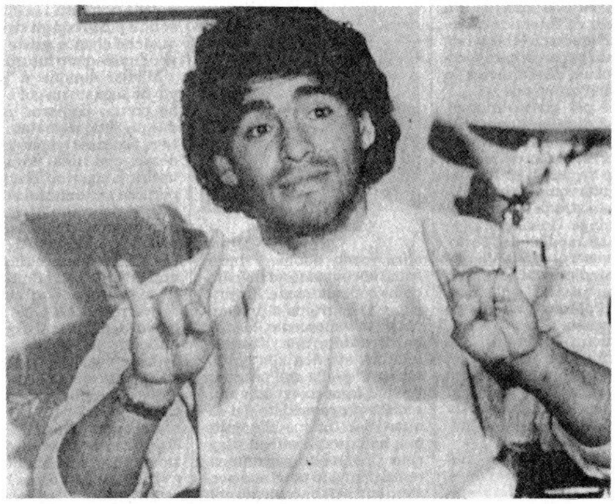

Diego Maradona (calciatore argentino, giocatore della squadra del Napoli)
da «La Nazione», 1.8.1988

13) Gesto n. ______

Il terzo incidente al largo della Norvegia

Mosca: nessun incendio sul nostro sottomarino

Si è trattato solo di un corto-circuito, dicono i sovietici - L'unità rientrata in Urss - Escluse fughe di materiale radioattivo

Vignetta satirica
da «Il Giornale», 18.7.1989

14) Gesto n. _______

Carlo De Benedetti (industriale e finanziere) e Claudio Martelli (vice-segretario del Partito Socialista Italiano)

da «L'Europeo», 12/22.3.1986

15) Gesto n. _______

Tullio Pironti (editore), con un libro sull'attore napoletano Eduardo de Filippo

da «L'Europeo», 12/22.3.1986

16) Gesto n. ______

Giovanni Goria (Presidente del Consiglio)
fotografato durante una seduta
in Parlamento
da «Il Giornale», 30.6.1987

17) Gesto n. ______

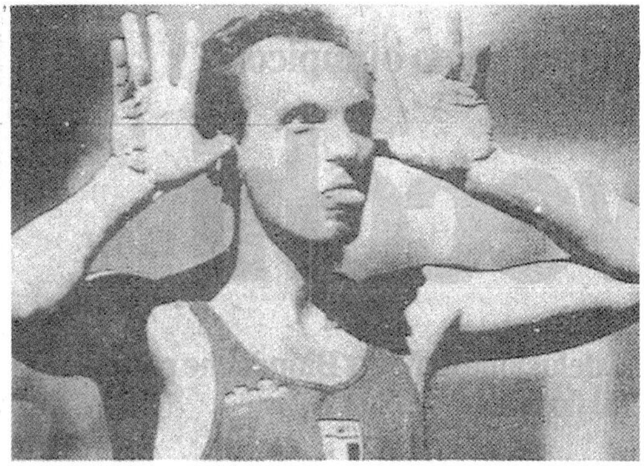

Donato Sabia
(atleta della squadra nazionale italiana)
da «Il Giornale», 27.9.1988

18) Gesto n. ______

Pippo Baudo (presentatore televisivo)
da «Il Giornale», 22.7.1989

19) Gesto n. ______

Foto relativa a un articolo dal titolo «Diavoli al volante»
da «L'Espresso», 21.5.1989

9) *La pubblicità*

Nelle pagine seguenti troverete alcune pubblicità [1] in cui sono raffigurati dei gesti:

— cercare nella prima parte del libro il numero del gesto corrispondente e l'atto comunicativo che esprime in quella pubblicità;
— cercare nel testo pubblicitario (se ci sono) le parole o le frasi che si riferiscono direttamente al gesto;
— spiegate che valore ha il gesto in relazione al messaggio in cui è inserito.

[1] 1. «Il Giornale», 28.6.1989 - 2. «Repubblica», 5.1.1989 - 3. «L'Espresso», 15.4.1989 - 4. «Qui Touring», 2/7.6.1986 - 5. «L'Espresso», 6.1.1984 - 6. «L'Espresso», 15.4.1984 - 7. «L'Espresso», 21.5.1989 - 8. «Grazia», 6.4.1986 - 9. «Grazia», 11.7.1982 - 10. «Grazia», 6.6.1982 - 11. «Bella», 1.11.1987 - 12. «Grazia», 10.10.1982 - 13. «Il Giornale», 30.10.1989.

1) Gesti n. ______________

il Giornale ▪ MERCOLEDÌ ▪ 28 GIUGNO 1989
DA QUANTO TEMPO NON FAI UN CHECK?
Sandro Uberti BRESCIA
Costanza Riva COMO
Bruno Piccioni CREMONA
Isolina Marca CREMONA
Giuseppe Maggi FIRENZE
Piero Brunetti GENOVA
Domenico Gadaleta GENOVA
Silvano Martini GENOVA
Michele Poirè GENOVA
Danilo Gastaldo GORIZIA
Giovanni Marcon IVREA (BUROLO)
Giuseppe Mongodi LECCO (CO)
Mario Baroni LIMENA (PD)
Patrizio Cirica LIVORNO
Adriano Franchi MANZANO (UD)
Alfredo D'Amore MILANO
Patrizia Biancato MILANO
Cinzia Simontacchi MILANO
Anna Tanzarella MILANO
Francesco Pavesi MODENA
Maria Rosa Clerici NOVARA
Sergio Brunello PADOVA
Mauro Poggiali PRATO (FI)
Claudio Schiaratura RIMINI
Stefano Parenti ROMA
Giuseppe Riva SALA AL BARRO (CO)
Zito Simone TARANTO
Franco Denaro TORINO
Vittorio Guerra TORTONA (AL)
Giulio Franceschin TRIESTE
Franco Contin UDINE
Giacomo Venturi VERONA
Oltre 200 specialisti ti aspettano
per prendersi cura del tuo mezzo a 4 ruote.

2) Gesto n. ________

1988
NASCE UNA NUOVA CULTURA CONTRO IL MALTRATTAMENTO DEI MINORI.

In Italia, ogni anno, più di 20.000 casi di violenza costringono bambini di tutte le età a diventare assurdi protagonisti di una cronaca tragica. Ma questo, purtroppo, è solo una stima. Si teme che i casi di violenza, ma anche di abbandono e sfruttamento, siano molti di più.

Non si può stare a guardare. Non si può nemmeno comportarsi come questa mano. L'indifferenza non ha mai fermato la violenza. Ancora peggio, l'indifferenza di un Paese che sta a guardare non ha mai aiutato i bambini a crescere meglio.

Sconfiggere questa indifferenza si può, fermare la violenza si deve. Ognuno di noi deve capire che i bambini sono persone in crescita e i loro diritti vanno rispettati e protetti. Si deve avere rispetto per loro contro ogni pigrizia, noia o egoismo, anche se siamo stanchi o troppo occupati per farlo. La loro sofferenza nasce anche dal nostro disinteresse, dalla nostra indifferenza, dalla nostra assenza.

Facciamo nascere, quindi, una nuova cultura che li difenda e li protegga. E una nuova cultura significa:

---

1. Il diritto di crescere bene che ogni bambino ha, con l'aiuto effettivo degli adulti, genitori e non.
2. Il diritto a raggiungere un'equilibrata maturazione sessuale, contro ogni violenza e ogni abuso grande o piccolo, perché il minore possa diventare un adulto equilibrato e capace d'affetto.
3. Il diritto a non subire mai violenza, neanche quella che pretende di essere educativa.
4. Il diritto a non essere mai sfruttato in un lavoro prematuro, in attività inadatte o dannose per una persona in crescita, o addirittura in azioni criminose.
5. Il diritto a diventare un adulto autonomo, capace di pensare con la propria testa, per diventare una persona realmente responsabile delle proprie azioni.
6. Il diritto a ricevere davvero e per intero una buona istruzione, fino alla scuola dell'obbligo e oltre, perché possa capire la realtà e partecipare in modo pieno e attivo alla vita di tutti.
7. Il diritto ad avere una giustizia che rispetti il minro come persona in crescita, che pensi alla vittima oltre che al colpevole, che aiuti il colpevole a correggersi recuperandolo ai suoi compiti verso i minori.

Ma abbiamo bisogno anche del vostro aiuto. Solo un grande e ben organizzato gioco di squadra può eliminare la violenza e sconfiggere l'indifferenza. E certe mani, da oggi, dovranno prendersi le loro responsabilità.

PUBBLICITA' P PROGRESSO

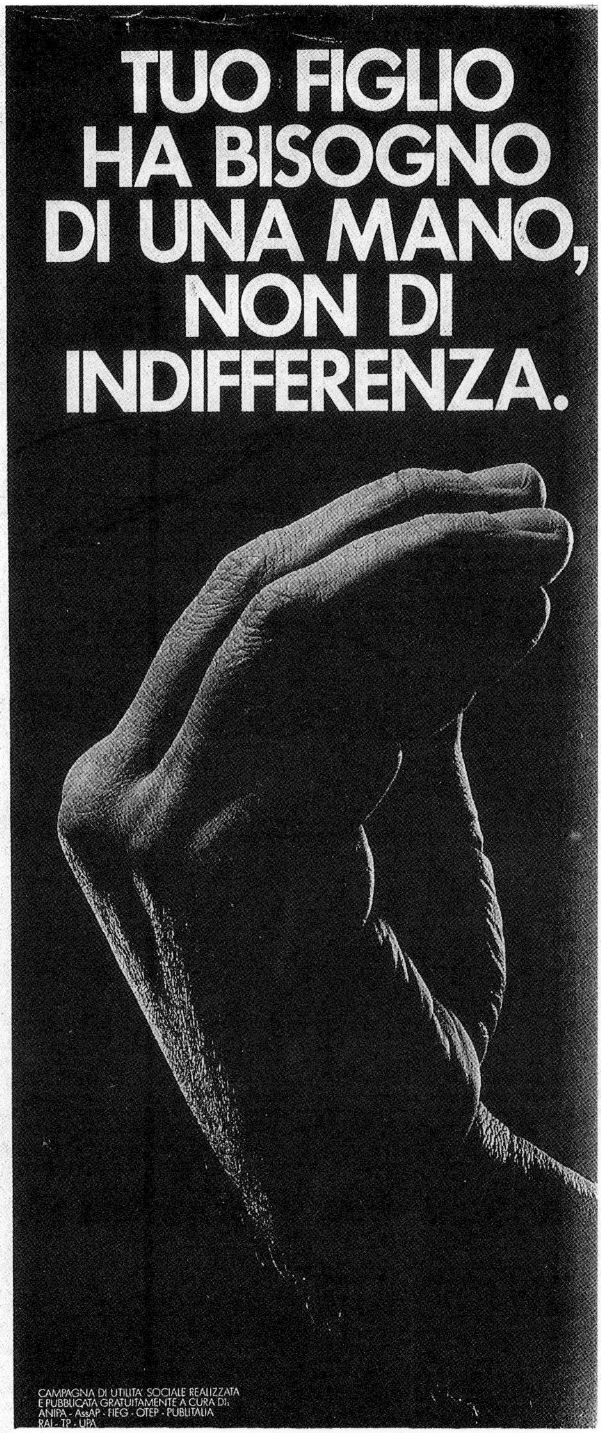

3) Gesto n. ________

QuestoIncredib
LO SPAZZANEVE
E' RAFFREDDATO,
MA LA PANDA
E' SEMPRE O.K.
PANDA METTE IN
PANDA 30 - PANDA 30 SUPER (652 cc, 30 CV) - PANDA 45

4) Gesto n. ______

PHILIPS
autostore philips
...la marcia in piu'!
autostore: il disc-jockey in autoradio
La tua auto macina chilometri: cambiano paesaggi, province e... stazioni FM!
Gli altri devono continuamente cercare il segnale pulito, ma non tu!
Tu hai il tuo AUTOSTORE!
AUTOSTORE rappresenta un rivoluzionario balzo in avanti rispetto alla solita ricerca automatica.
Premi una sola volta il tasto AUTOSTORE e, mentre guidi, un vero e proprio computer sceglie e memorizza per te le 6 stazioni FM più potenti e pulite della zona in cui stai viaggiando.
AUTOSTORE, quindi, è il tuo disc-jockey in autoradio che ti dà sempre musica perfetta e ti garantisce una maggiore sicurezza nella guida.
PHILIPS
DAY 86

5) Gesto n. ________

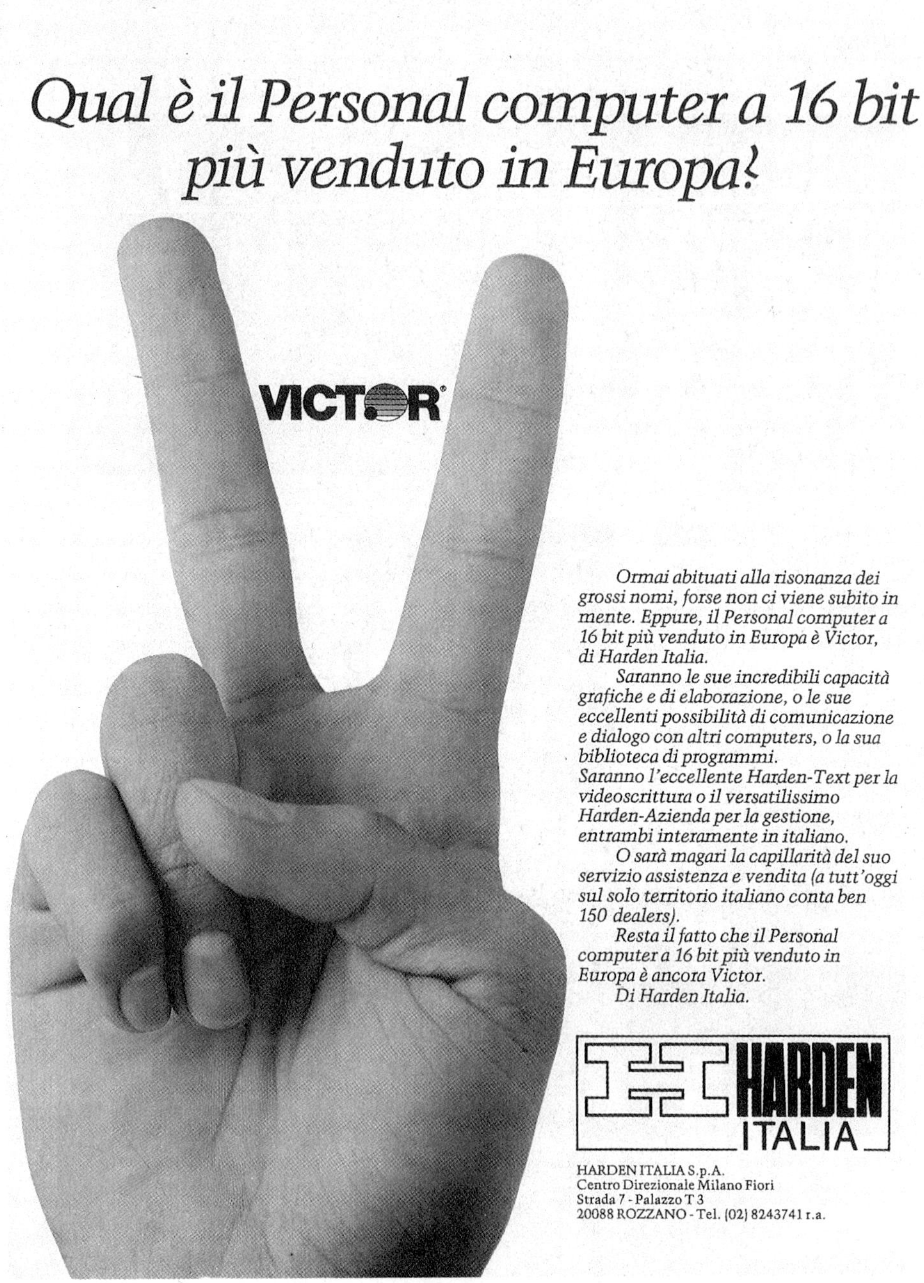

Qual è il Personal computer a 16 bit più venduto in Europa?
VICTOR
Ormai abituati alla risonanza dei grossi nomi, forse non ci viene subito in mente. Eppure, il Personal computer a 16 bit più venduto in Europa è Victor, di Harden Italia.
Saranno le sue incredibili capacità grafiche e di elaborazione, o le sue eccellenti possibilità di comunicazione e dialogo con altri computers, o la sua biblioteca di programmi.
Saranno l'eccellente Harden-Text per la videoscrittura o il versatilissimo Harden-Azienda per la gestione, entrambi interamente in italiano.
O sarà magari la capillarità del suo servizio assistenza e vendita (a tutt'oggi sul solo territorio italiano conta ben 150 dealers).
Resta il fatto che il Personal computer a 16 bit più venduto in Europa è ancora Victor.
Di Harden Italia.
HARDEN ITALIA
HARDEN ITALIA S.p.A.
Centro Direzionale Milano Fiori
Strada 7 - Palazzo T 3
20088 ROZZANO - Tel. (02) 8243741 r.a.

6) Gesto n. ________

Jolly Hotels:
30 alberghi, 4690 camere,
un grande centro congressi,
15.000 mq. di sale meetings,
5 centri di prenotazione.
Centri di prenotazione a:
Milano: 02/7703
Roma: 06/4940541
Valdagno: 0445/406111 - 402010
Bruxelles: 2170674
New York: 212-5575116
Jolly Hotels a: Agrigento, Ancona, Avellino, Bari, Bologna, Caserta, Catania, Firenze, Ischia, La Spezia, Messina, Milano, Milano Due, Napoli, Palermo, Piazza Armerina, Ravenna, Roma, Salerno, Sassari, Siena, Siracusa, Taormina, Torino e Trieste in Italia. A Bruxelles, in Belgio.
JollyHotels
Un confort che Vi segue in tutta Italia.
A&H

7) Gesto n. ______

La Signora Ludovica
ha qualcosa da dire
sulle normali lavasciuga.
Di solito la signora Ludovica è più signora di quel che appare in questa foto. Il fatto è che non la tiene più nessuno da quando ha scoperto me, la sua nuova Superlavasciuga Castor. Io lavo e asciugo da professionista anche le cose più preziose e delicate e inoltre non sciupo energia inutilmente, come continuano a fare in molti. Perchè solo io ho due tubi di carico: così posso prelevare sia l'acqua fredda, sia l'acqua calda di cui già dispone il vostro impianto. Lo sapevate? Ci vogliono 10.000 lire per scaldare un metro cubo d'acqua a 50 gradi attraverso la resistenza elettrica che c'è nelle normali lavatrici. Due terzi di questo costo si possono risparmiare se l'acqua è riscaldata da un impianto a gas, autonomo o condominiale, e poi introdotta nella mia vasca inox. Per questo la signora Ludovica non ha dubbi: sono l'unica lavasciuga che non prosciuga il suo portafoglio e che risparmia energia per il bene dell'ambiente.
CASTOR
SOLUZIONI
INTELLIGENTI.
Superlavasciuga Castor. L'ecologia è conveniente.
GGK

8) Gesto n. ________

Non dirlo
in giro...
a Porto
Quatu,
bzzz, bzzz...
Per avere il paradiso
e mettere al sicuro il tuo investimento
Porto Quatu vuol dire porto nascosto: un fiordo di smeraldo a un miglio da Porto Cervo e a pochi passi da Pitrizza. Un privilegio della natura armonicamente trasformato in una residenza esclusiva per l'uomo.
È un borgo marinaro costruito con linee calme ed eleganti al centro di un'emozione geografica.
È un porto naturale ed ora un porto efficiente con banchine razionalmente attrezzate per oltre 500 approdi con posti barca fino a 30 metri.
Appartamenti originali ed eleganti, tennis e piscina servizi alberghieri, Yachting Club, ristoranti e bar, per chi anche da una vacanza pretende il meglio.
Per avere il paradiso...
MAXIRENT DUEPPI VACANZE
La formula più nuova per spendere soltanto gli interessi e conservare il capitale. Vi garantisce il godimento pieno dell'appartamento da voi scelto per la durata di 15 anni nel periodo dell'anno che preferite, a Porto Quatu; la stessa formula per il vostro posto barca. La somma versata in forma di deposito cauzionale vi sarà interamente restituita allo scadere del contratto. Quanto così versato sarà protetto da ogni rischio con le più ampie garanzie. La stessa formula per il vostro posto barca. DUEPPI VACANZE vi offre anche la possibilità dell'acquisto nella forma tradizionale.
● TERRATA:
per chi desidera la vacanza intensa, sportiva e familiare. Mare stupendo. Tre piscine e tennis. Animazione.
■ LACONIA:
per chi preferisce la tranquillità di un piccolo complesso residenziale in un paesaggio suggestivo ed esclusivo.
La Sardegna vi aspetta per regalarvi le vacanze più belle.
PORTO
CERVO
Da inviare a DUEPPI VACANZE S.p.A. - 00187 Roma, Via Zucchelli 27 oppure 20124 Milano, Via Vittor Pisani 16
Desidero ricevere materiale illustrativo sulle proposte DUEPPI VACANZE S.p.A. per ▲ PORTO QUATU, ● TERRATA, ■ LACONIA.
Nome
Cognome
Via
CAP
Città
Tel.
DUEPPI VACANZE
SPA

9) Gesto n. ________

10) Gesto n. ________

"Il segreto di Anna."
Marito - Gli zii vengono: che si fa da mangiare?
Anna - Farei tortellini in brodo e arrosto.
Bambino - Mamma, queste le metto nell'arrosto?
Anna - Aspetta, prima il Doppio Brodo...
...è lui che ogni giorno dà più sapore ai miei piatti.
dopo a tavola
Zio - Squisito questo arrosto.
Zia - E che delicati quei tortellini... e il brodo um Anna tu devi avere un segreto.
Anna - Ssst.
PUBLISTAR IP
Il piú buon sapore che ci sia.
PREPARATO PER
DOPPIO BRODO
STAR
Tutto il sapore di casa mia.

11) Gesto n. _______

"...il vino e l'unto sono sporco impossibile!"
Noo... non esiste sporco impossibile per bio Presto lavatrice.
E LA PROVA NODO LO DIMOSTRA
bio Presto lavatrice liquida lo sporco impossibile in profondità.
Nuovo, più moderno, l'unico fustino rettangolare.
bio
lavatrice
LIQUIDA LO SPORCO IMPOSSIBILE

12) Gesto n. ______

NELL'ALIMENTAZIONE MODERNA CI VUOLE MISURA.
"Per me Misura è piú buono. Parere personale, eh!"
"Un buon caffè, una bustina di dolcificante Misura... eh, per la mia linea.
Misura dà solo 8 calorie per bustina, e io al fisico ci tengo: non so se mi spiego.
E poi Misura mi piace, mi piace assai. Uhmmm! Che vi devo dire, io i dolcificanti li ho provati tutti, ma per me Misura è piú buono.
Parere personale, eh!"
In giro si dice che è proprio buono.
MISURA dolcificante
MISURA dolcificante
Dolcificante dietetico
MISURA

13) Gesto n. ________

14) Gesto n. ______

Lì dove c'è voglia di nuovo.
Mondia.
IN VENDITA PRESSO I CONCESSIONARI ZENITH
Dove c'è un orologio Mondia c'è l'entusiasmo di ore nuove.
E tanta voglia di viverle senza rinunciare ad un certo stile.
Dedicati a te che ami improvvisare, i Mondia-Flash: certezza di un nome, non certo improvvisato. In 6 colori diversi.
Collezione FLASH
MONDIA

15) Gesto n. ______

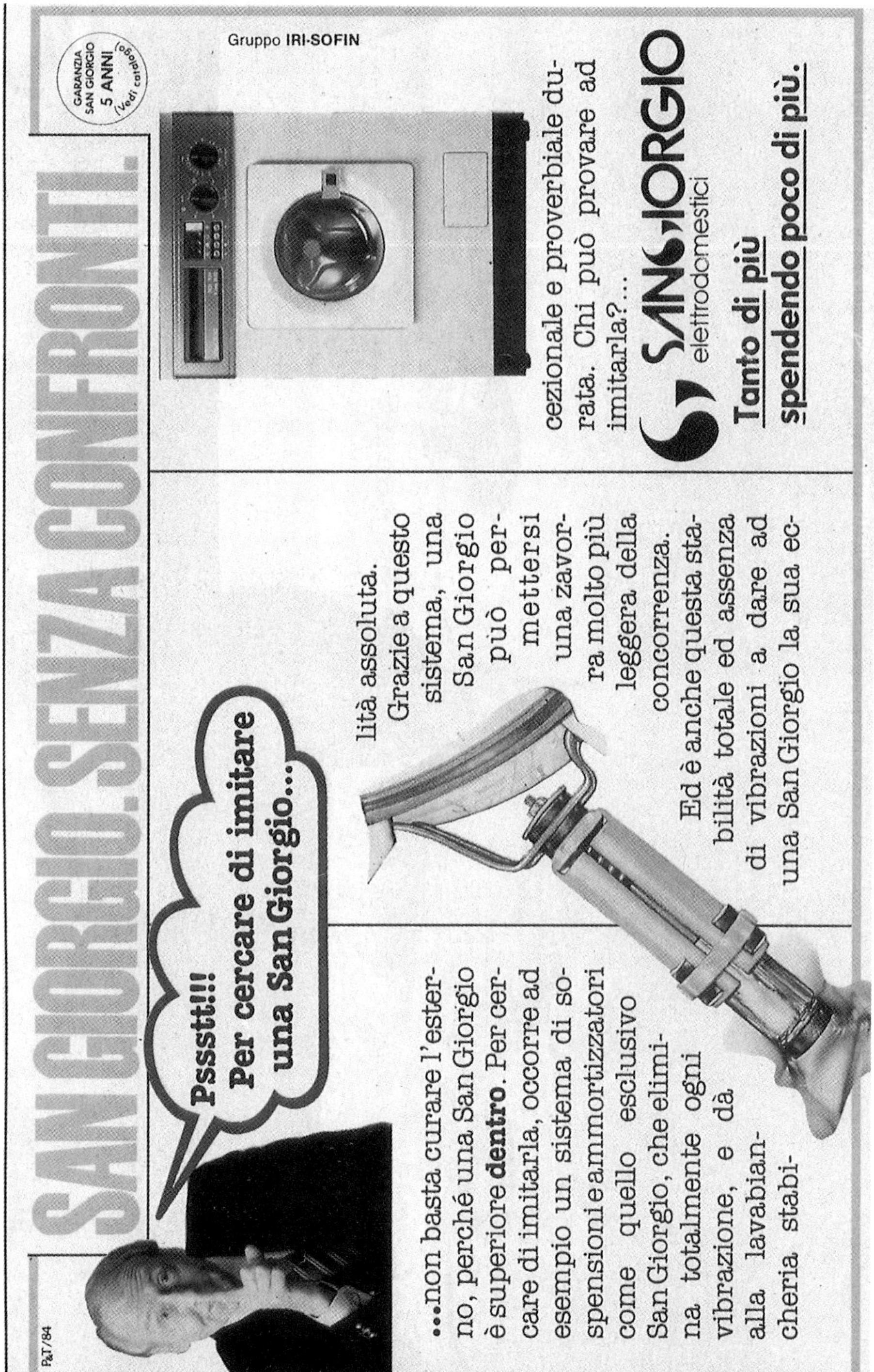
SAN GIORGIO. SENZA CONFRONTI.
GARANZIA SAN GIORGIO 5 ANNI (Vedi catalogo)
P&T/84
Pssstt!!! Per cercare di imitare una San Giorgio...
...non basta curare l'esterno, perché una San Giorgio è superiore dentro. Per cercare di imitarla, occorre ad esempio un sistema di sospensioni e ammortizzatori come quello esclusivo San Giorgio, che elimina totalmente ogni vibrazione, e dà alla lavabiancheria stabilità assoluta. Grazie a questo sistema, una San Giorgio può permettersi una zavorra molto più leggera della concorrenza. Ed è anche questa stabilità totale ed assenza di vibrazioni a dare ad una San Giorgio la sua eccezionale e proverbiale durata. Chi può provare ad imitarla?...
Gruppo IRI-SOFIN
SAN GIORGIO elettrodomestici
Tanto di più spendendo poco di più.

16) Gesto n. ________

ENTRIAMO
IN CONNESSIONE
studioverde
CONNESSIONI ELETTRICHE
SISTEMI AUTOMATICI
DI CABLAGGIO
inarca
35010 VIGODARZERE DI PADOVA / ITALIA
VIA CA' ZUSTO, 35 - TEL. (049) 8871120
TELEX 430650 INARCA I - TELEFAX (049) 8871173

10) *Sfogliando il dizionario*

a) Cercate nelle definizioni delle parole *capello* e *stomaco*, quali espressioni corrispondono alle due frasi seguenti, e individuate poi, fra i gesti elencati nella prima parte del libro, quelli che possono accompagnare ognuna di queste due espressioni:

	Espressione corrispondente	Gesto n.
«Sono proprio stufo!»		
«Non lo sopporto!»		

capéllo (arc. e sett. *cavèllo*) s. m. (pl. poet. *capégli, capéi*). ***1.*** Ciascuno dei peli del capo umano: *un ciuffo, una ciocca di capelli; pettinarsi, ravviarsi i c.; perdere i c.*, diventar calvo; *avere i c. bianchi*, essere in là con gli anni; ***fam.*** (*tosc.*), capigliatura: *essere di c. biondo* ♦ ***fig.*** *Aver più pensieri* (o *debiti*) *che c.*, a non finire; *avere un diavolo per c.*, essere di pessimo umore o addirittura infuriato; *averne fin sopra i c.*, essere stufo di qualcosa o di qualcuno; *mi* (*ti, gli*, ecc.) *si rizzano i c.*, per l'orrore o il forte stupore; *cose da far rizzare i c.*, orribili, agghiaccianti; *afferrare la fortuna per i c.*, approfittare dell'occasione favorevole proprio all'ultimo momento; *far venire i c. bianchi*, per le preoccupazioni o i dispiaceri; *tirare qualcuno per i c. a far qualcosa*, costringervelo; *non toccar* (o *torcere*) *neppure un c. a uno*, non fargli alcun male. ***2. fig.*** Simbolo di grandezza minima o di cosa sottilissima: *l'ho scampata per un c.; essere attaccato* (o *sospeso*) *a un c.*, a un appiglio estremamente incerto; *spaccare il c. in quattro*, dimostrare una meticolosità ridicola o indisponente; *a capello*, con precisione, appuntino. ***3.*** Nome di filamenti varî, di oggetti o formazioni filiformi: *i c. del granturco* ♦ *Capelli d'angelo*, capellini (tipo di pasta). [Lat. *capillus*].

stòmaco s. m. (pl. *-chi* o *-ci*). ***1.*** Organo cavo posto tra l'esofago e il duodeno, ove gli alimenti subiscono le prime trasformazioni a opera dei succhi gastrici; ***fam.***: *empire, empirsi lo s.*, mangiare a sazietà; *avere uno s. di struzzo*, esser capace di digerire i cibi più pesanti; *avere qualcosa sullo s.*, non aver digerito (***fig.***: *avere qualcuno sullo s.*, non poterlo sopportare); *dare di s.*, vomitare; *rivoltare lo s.*, suscitare disgusto, schifo (anche ***fig.***: *la sua viltà mi rivolta lo s.*); *mangiare contro s.*, nonostante il disgusto per il cibo (***fig.***: *fare qualcosa contro s.*, contro voglia). ***2. fig.*** Capacità di sopportare situazioni, persone o cose particolarmente disgustose, moleste, pesanti o noiose: *ci vuole un bello s. a stare con quel tipo!* [Lat. *stomăchus*, gr. *stómakhos*].

da «Il dizionario della lingua italiana» di G. Devoto / G. C. Oli (Le Monnier, Firenze 1990)

b) Leggete rapidamente le definizioni delle parole *braccio, dito, occhio, spalla, labbro, capo*, per trovare le brevi descrizioni di gesti che esprimono i seguenti sentimenti (scrivete a fianco le corrispondenti definizioni del dizionario):

intesa	
rassegnazione, impotenza, avvilimento	
indifferenza, noncuranza, impotenza di fronte a qualche difficoltà	
protezione, affetto	
indecisione, preoccupazione, perplessità	
rifiuto, protesta	
disapprovazione, compatimento	
resa	
rabbia, stizza, ira	
impazienza	

bràccio s. m. (pl. *le bràccia,* f., in senso proprio e come misura; *i bracci* negli altri sign.). ***1. propr.*** Il segmento degli arti superiori che va dalla spalla alla piegatura del gomito; ***com.***, ciascuno dei due arti superiori dalla spalla alla mano: *agitare le b.*, in segno di saluto, d'impazienza, di stizza, d'ira, ecc.; *alzare le b.*, in segno di resa o per raccomandarsi al cielo; *allargare le b.*, in segno di rassegnazione o d'impotenza; *incrociare le b.*, rifiutarsi di lavorare per protesta ♦ ***locc.*** (in senso proprio e fig.). *Avere, tenere, portare in b.*, spec. riferito a un bambino, sostenerlo sul braccio appoggiandolo al petto; *avere, tenere sotto il b.*, stringere tra il braccio e il fianco; *tenere sotto b. qualcuno,* a braccetto; *dare il b.*, porgerlo per sostegno o per galanteria camminando; *stringere qualcuno tra le braccia,* abbracciarlo;

gettar le braccia al collo di qualcuno, abbracciarlo con slancio; *gettarsi nelle braccia di qualcuno*, affidarglisi; *stendere le braccia a qualcuno*, offrirgli aiuto o protezione; *a braccia aperte*, con desiderio e con manifestazioni di simpatia: *accogliere a b. aperte*; *darsi in braccio*, abbandonarsi, divenir preda: *darsi in b. al vizio*; *essere in b. al sonno* (**scherz.**: *essere in b. a Morfeo*), dormire; *a braccia*, con le braccia, a forza di braccia: *caricare, sollevare, trasportare a braccia*; *recitare a braccio*, di attore che improvvisa la parte aiutandosi con la mimica; *parlare, predicare, far lezione a b.*, improvvisando o senza aver precedentemente scritto le cose da dire ♦ *B. di ferro*, gara di forza tra due persone sedute a un tavolo: vince chi per primo, dopo avere incrociato le mani destre e poggiato i bracci sul tavolo facendo perno sui gomiti, riesce a piegare sul piano del tavolo il braccio dell'avversario (**fig.**, lungo e duro scontro tra due antagonisti risoluti a non recedere dalle proprie posizioni: *continua tra i due partiti il braccio di ferro per la formazione della Giunta regionale*, dai giornali). ***2.*** Come mezzo di lavoro e misura quantitativa o capacità di rendimento del lavoro stesso: *per riparare a tutto dovrei avere cento braccia*; *il podere richiederebbe il doppio di braccia*, il doppio delle persone che vi lavorano; *campare con le proprie braccia*, col frutto esclusivo del proprio lavoro; *avere sulle braccia*, avere a carico; *sentirsi cascar le braccia*, essere spossato per la fatica (**fig.**, avvilirsi, perdersi d'animo, vista l'inutilità di ogni sforzo; **anal.**: *far cadere le braccia*, provocare una reazione di deluso sconforto); *essere il b. destro* (o *forte*) *di qualcuno*, il suo più valido aiuto. ***3.*** Come simbolo di potere, di forza, di autorità: *il b. della giustizia*; *b. secolare*, l'autorità civile, contrapposta a quella religiosa o ecclesiastica (*b. ecclesiastico*); *aver b.*, potestà d'agire; *dare b.*, lasciare troppa libertà di azione; *prender b.*, arrogarsi troppa libertà o autorità; *se gli dai un dito si prende tutto il b.*, a proposito di chi abusa della libertà o della confidenza concessagli. ***4.*** La lunghezza del braccio assunta talvolta come termine di misura: *era a poche braccia da me*; in passato, unità di misura di lunghezza in uso in molte città italiane, con valori leggermente diversi da luogo a luogo: *tre braccia di tela, sette braccia di fune* ♦ Denominazione italiana del *fathom*, unità di misura inglese (pari a 1,8288 m) usata internazionalmente per indicare la profondità del mare nelle carte idrografiche. ***5.*** Parte di un oggetto che si prolunghi o sporga a somiglianza di un braccio: *i b. della croce*; *il b. della stadera*, l'asta su cui scorre il romano; *i b. della bilancia*, le due parti del giogo; *i b. dell'ancora*, le marre; *il b. del remo*, la parte che va dall'attaccatura della pala all'impugnatura; *il b. di una lampada*, il ferro o legno che la sostiene; *b. di mare*, sin. di *stretto*; *b. di terra*, istmo ~ Ala che si diparte da un corpo di fabbrica: *i b. del carcere* (detti anche *raggi*); *b. della morte*, destinato ai condannati alla pena capitale ♦ Arnese di legno costituito da due assi della lunghezza di un braccio, parallele e congiunte a un'estremità da una corta traversa, usato per stirare più agevolmente le maniche. ***6.*** In fisica e in matematica: *b. di una coppia* (per es. di forze), la distanza fra le rette d'azione dei vettori che la costituiscono; *b. di un vettore rispetto a un punto*, la distanza della retta d'azione del vettore dal punto. ***7.*** In marina, ciascuno dei cavi fissati alle estremità dei pennoni per orientarli nella direzione del vento. ***8.*** In zoologia, ciascuno degli organi flessibili di molti Invertebrati, tentacolo. [Lat. *brachium*, dal gr. *brakhíōn*, in quanto 'più corto (*brakhýs*) dell'avambraccio'].

dito s. m. (pl. *diti* o, più com., *le dita* f.). ***1.*** Ciascuno dei segmenti terminali delle mani e dei piedi, costituito di tre ossa (il pollice e l'alluce solo di due), dette *falangi*, articolate fra loro; talvolta, per antonomasia, l'indice: *mostrare, segnare a d.*, per lo più come esempio o come motivo di vergogna o di biasimo ♦ **locc.** *Toccare il cielo con un d.*, provare una gioia grande e insperata; *mettere il d. sulla piaga*, individuare il vero motivo di una situazione incresciosa; *non muovere un d. in favore di qualcuno*, guardarsi bene dall'aiutarlo o dal difenderlo; *si contano sulle dita della mano*, di cose o persone in numero assai limitato; *avere qualcosa sulla punta delle dita*, saperlo alla perfezione; *legarsela al d.*, non dimenticarsi di un'offesa o di un torto (per vendicarsene al momento opportuno); *mordersi le d.*, per rabbia o cattiva scelta; *roba da leccarsi le d.*, ottima, squisita; *il d. di Dio*, il castigo divino. ***2.*** Ciascuna delle parti del guanto che proteggono le dita; involucro protettivo della stessa forma ♦ *D. d'apostolo*, pasta dolce, di forma cilindrica, ripiena di crema. ***3.*** Antica unità di misura equivalente a 1/24 di cubito, cioè a 0,0185 m; **com.**, quantità o distanza minima, paragonabile alla grossezza di un dito: *un d. di vino, di liquore; essere a un d. da*, essere lì lì per. [Lat. *di(g)ĭtus*].

òcchio s. m. *1.* Organo di senso per la ricezione degli stimoli luminosi che vengono trasmessi ai centri nervosi dando origine alle sensazioni visive; nell'uomo, uno dei principali elementi caratteristici della fisionomia e dell'espressione (*o. castani, di gatto, lucenti, tristi; Caron dimonio, con occhi di bragia*, Dante), valutabile rispetto a determinati momenti o stati d'animo o rispetto a determinate reazioni (*le brillarono gli o.; o. iniettati di sangue; stare con gli o. bassi*), o anche alle particolarità distintive della personalità (*o. vivo, penetrante*) ♦ Dalla constatazione oggettiva del comportamento dell'organo (*aprire, chiudere gli o.; alzare, volgere gli o.*) si passa a numerosi significati ***estens.*** o ***fig.***: *aprire gli o.*, acquistare o conferire una conoscenza insospettata o definitiva; *chiudere gli o.*, addormentarsi (*non ho chiuso o. in tutta la notte*) o anche morire (anche, rifiutare di rendersi conto di una realtà difficile); *chiudere un o.*, lasciar correre; *strizzare l'o.*, chiuderne uno (di solito il sinistro) in segno di tacita intesa o con intenzione maliziosa; *cavarsi gli o.*, rovinarsi la vista; *sognare ad o. aperti*, fantasticare; *mangiare, divorare con gli o.*, guardare con intensità (***fam.***, anche *con tanto d'occhi*) ♦ ***estens.*** Il senso della vista o l'atto o la consuetudine del vedere o del guardare, spesso oggettivamente riconducibile alla maggiore o minore funzionalità dei dati forniti dall'organo (*distanze non valutabili a o. nudo; il mare si estende a perdita d'o.; a o. e croce saranno otto metri; a vista d'o.*) o identificabile con la presenza passiva (*cadere sotto gli o.; lontano dagli o. lontano dal cuore*) o attiva (*dare nell'o.; tenere d'o.; non perdere d'o.*), oppure interpretabile come facoltà o possibilità di ricavare impressioni o formulare giudizi (*l'o. vuole la sua parte; non lo vedo troppo di buon o.; gli si leggeva negli o. la paura; o. critico, clinico; vedere con gli o. della passione*), o anche come intuizione (*al suo o. nulla sfugge*) o attenzione (*stare in o.; essere tutt'occhi; o. alle curve!*) ♦ ***fig.*** Simbolo di stretta pertinenza alla persona (*averne fino agli o.; per me sei come il fumo negli o.*) o di valore grande o addirittura insostituibile (spesso in frasi iperboliche: *l'ho pagato un o.; scommetto un o. della testa; un pugno in un o.*, simbolo di obbrobrio estetico o di provocazione). *2.* ***anal.*** *O. artificiale*, quello di vetro o di speciale sostanza plastica che sostituisce, a soli fini estetici, l'occhio mancante ~ In fisica (anche *o. elettrico*), la cellula fotoelettrica ~ In radiotecnica: *o. magico*, speciale tubo termoelettronico usato come indicatore ottico di sintonia per apparecchi radioriceventi ~ *O. di sole*, fascio di raggi luminosi che, penetrando in un ambiente attraverso una piccola apertura, forma sull'oggetto intercettato un piccolo alone luminoso ~ *O. di un ciclone*, la zona centrale, dove la pressione atmosferica raggiunge il minimo valore (***fig.***: *trovarsi nell'o. del ciclone*, al centro dell'attenzione generale o nel momento più critico e rischioso di una situazione o di una vicenda) ~ *Occhi del brodo*, chiazze di grasso sulla sua superficie; *occhi del formaggio*, i caratteristici buchi nella pasta dell'Emmental, del gruviera e simili ~ ***poet.*** *Occhi del cielo*, gli astri ♦ Foro ricavato a varî scopi in diversi oggetti: *l'o. del martello; l'o. della staffa*, per inserirvi il piede. *3.* In botanica, sin. di *gemma*: *gli o. della patata; fagioli dall'o.* (o *con l'o.*), specie di piccoli fagioli pregiati, caratterizzati da un anellino scuro che i semi presentano intorno all'ilo ♦ *Innesto a o.*, quando la marza è costituita da una gemma. *4.* In architettura, apertura circolare od ovale praticata nelle pareti o nella copertura di un edificio; anche, la cavità cilindrica ricavata al di sopra delle pile dei ponti in muratura, per alleggerirle e per diminuire la resistenza all'acqua in caso di piena. *5.* Nel linguaggio marinaresco: *o. di un cavo*, cappio anulare; *o. per la cicala*, nell'ancora, il foro praticato all'estremità del fuso per ammagliarvi la cicala; *o. di cubia*, apertura prodiera attraverso la quale è filata l'ancora. *6.* In tipografia, la parte di un carattere che prende l'inchiostro e produce l'impressione; anche, l'aspetto corrispondente: *carattere di o. largo, chiaro, nero*. *7.* *O. di bue* (più com. *di bove* o *bovino*), grosso e sporgente: oggi vi si associa l'idea di inespressività o addirittura di bruttezza, ma anticamente era attributo di Era; *uovo all'o. di bue*, cotto nel tegamino in modo che il torlo rimanga intero ~ Nella costruzione navale, foro circolare, chiuso in permanenza da un robusto vetro, per dare luce agli ambienti interni ~ Proiettore che inquadra e segue un personaggio sulla scena o in riprese cinematografiche e televisive. *8.* *Occhi di pavone*, le caratteristiche macchie azzurre su sfondo castano che abbelliscono le penne della coda del pavone; anche, malattia dell'olivo causata da un fungo Deuteromicete ~ *Far gli o. di pavone*, distribuirsi a fitte chiazze o macchie, con un senso di accattivante vivacità: *il sole ... si ficcava tra foglia e foglia a far gli occhi di pavone su*

occhiétto s. m. ***1.*** Occhio piccolo o di bambino, ma sempre con una sfumatura di vivacità e d'intensità espressiva: *due o. furbi* ~ *Fare l'o.*, lo stesso che *fare l'occhiolino.* ***2.*** In tipografia, lo stesso che *occhiello.* ***3.*** Indirizzo che, in lettere ufficiali o commerciali, si ripete talvolta in fondo alla pagina, a sinistra. [Dim. di *occhio*].

occhiolino s. m. Dim. di *occhio*; ***com.*** nella loc. *fare l'o.*, strizzare l'occhio in segno d'intesa o con intenzione maliziosa.

spalla s. f. ***1.*** Parte del corpo corrispondente all'inserzione dell'arto superiore sul tronco e ai tessuti che la rivestono; *battere sulla s. di qualcuno*, per richiamarne l'attenzione; *mettere una mano sulla s. di qualcuno*, in segno di protezione o di affetto; *a spalla*, a forza di spalle, sul dorso (con riferimento a trasporti): *pezzi di artiglieria portati a s.*; *violino di s.*, v. VIOLINO; ***al pl.***: *avere un peso sulle s.*; *avere buone s.*, per sottolineare una notevole resistenza alla fatica, o capacità di assumersi responsabilità non comuni; ***anal.***: *avere sulle s.*, *buttare sulle s. di qualcuno*, con riferimento a oneri e sacrifici gravosi (*ha sulle s. una famiglia numerosa*; *non buttate tutto sulle mie s.!*, anche a proposito di attribuzioni di colpe o responsabilità specifiche); *alzare le s.*, *stringersi nelle s.*, in segno di noncuranza, indifferenza, o anche impotenza di fronte a una difficoltà; *campare alle s. di qualcuno*, a sue spese; *accarezzare le s. a qualcuno*, bastonarlo; *lavorare di spalle*, farsi largo (sia in senso proprio che fig.); ***tosc.***: *essere di spalle tonde* (o *di s. tonda*), non aver voglia di far nulla ♦ ***estens.*** (*al pl.*). La schiena; frequente in espressioni di senso proprio e fig.: *voltare le s. a qualcuno*, allontanarsi da lui (***fig.***, negargli il proprio aiuto); *voltare le s. alla fortuna*, non saperne approfittare; *mettere qualcuno con le s. al muro*, metterlo alle strette; *buttarsi qualcosa dietro le s.*, disinteressarsene, o prenderla alla leggera; *colpire qualcuno alle s.*, a tradimento (anche ***fig.***); *sparlare alle s. di qualcuno*, quando non è presente ~ La parte dello schieramento di un esercito opposta alla fronte: *prendere il nemico alle s.* ~ La parte del vestito che copre le spalle: *giacca stretta di spalle.* ***2.*** Nei quadrupedi, la regione comprendente la parte superiore dell'arto anteriore e la parte adiacente del dorso; di animali macellati: *una s. di cinghiale*; *prosciutto di s.* (o assol. *spalla*), quello fatto con gli arti anteriori del maiale. ***3. fig.*** Il pendio di un colle presso la cima: *la s. di un monte* ♦ Ciascuno dei due piedritti su cui si impostano le estremità di un ponte (o di un cavalcavia, sottopassaggio, ecc.) ♦ *S. dell'argine*, la scarpata, o pendenza rivolta verso la campagna ♦ In tipografia, spazio bianco sopra e sotto l'occhio di una lettera tipografica ♦ Nell'uso giornalistico: *articolo di s.*, l'articolo che cade nell'angolo superiore destro della prima pagina, che tratta fatti di notevole importanza. ***4.*** Nel gergo teatrale, l'attore che sostiene il comico principale e gli dà lo spunto per le battute (***fig.***: *far da s. a qualcuno*, fiancheggiarlo, dargli man forte in un'impresa). [Lat. *spatŭla* 'spatola'].

labbro (arc. e poet. *labro*) s. m. (pl. f. *le labbra*, nel sign. anatomico; pl. m. *i labbri*, nei sign. analogici). ***1.*** Ciascuna delle due pieghe cutanee carnose che costituiscono la parte anteriore della bocca e delimitano l'apertura orale: *l. sottili, tumide, sporgenti*; *l. leporino*, cheiloschisi; *l. di tapiro*, particolare conformazione delle labbra che si riscontra in alcune miopatie (bocca semiaperta, labbro inferiore abbassato, labbro superiore sporgente) ♦ In quanto oggetto di reazioni istintive variamente motivate: *leccarsi le l.* (per gola o appetito); *mordersi le l.* (per ira, dispetto o anche per lo sforzo di trattenere la parola, il pianto o il riso) ♦ In quanto parte della bocca e in relazione con le funzioni di questa: *accostare le l. al bicchiere*; *dire una cosa a fior di labbra*, in maniera appena percettibile; ***fig.***: *avere il cuore sulle l.*, di persona straordinariamente sincera e comunicativa; *pendere dalle l. di* *qualcuno*, ascoltarlo o seguirlo con la massima partecipazione e senza riserve. ***2. estens.*** In zoologia, ciascuna delle due parti di rilievo dell'apparato boccale degli Insetti ♦ ***al pl.*** In anatomia, formazione propria degli organi genitali esterni femminili: *piccole l.*, quelle derivate dalle pliche genitali; *grandi l.*, quelle derivate dal cercine genitale. ***3. com.*** Per analogia, orlo rilevato e aggettante, per lo più arrotondato: *il l. di un vaso, di una vasca* ♦ Margine di una ferita. [Lat. *labrum*].

capo s. m. ***1.*** Testa: *battere il c. nel muro*; *andare, stare a c. chino*, con la testa inclinata in avanti; *precipitare a c. all'ingiù*, a capofitto; *da c. a piedi*, interamente (*mi sono bagnato da c. a piedi*) ♦ ***fig.*** *Chinare, abbassare il c.*, sottomettersi o rassegnarsi; *grattarsi il c.*, dimostrando indecisione, preoccupazione, perplessità; *scuotere il c.*, disapprovando o in segno di compatimento; *dare al c.* (più com. *alla testa*), di bevanda alcolica che confonde le idee; anche, far montare in superbia: *il successo gli ha dato al c.*; *capitare tra c. e collo*, inaspettatamente (spesso con effetti spiacevoli); *mangiare la pappa in c. a uno*, sovrastarlo in statura o anche sopraffarlo approfittando di una maggiore autorità o prestanza ~ Con riferimento al capo come sede del pensiero: *mettersi in c. una cosa*, affezionarvisi (con una sfumatura di caparbietà); *rompersi il c.*, scervellarsi alla ricerca di una soluzione o di un perché; *togliere qualcosa dal c. a qualcuno*, fargli cambiare opinione (in maniera brusca e perentoria o dopo lunga opera di persuasione); *frullare, passare per il c.*, di idee (spesso bizzarre) che vengono alla mente all'improvviso; *mettere il c. a partito*, metter giudizio; *c. scarico*, persona spensierata, sulla quale non c'è da fare troppo affidamento; *c. ameno*, persona allegra e divertente ~ Con riferimento al fatto che il capo, sede del cervello e della mente, racchiude una delle principali funzioni vitali: *condannare alla pena del c.* (***arc.***), alla pena di morte; *giurare sul c. di qualcuno*, sulla sua stessa vita. ***2. com.*** La parte del cranio normalmente ricoperta dai capelli: *c. ricciuto*; *mettersi, tenere il cappello in c.*; *scoprirsi il c.*, in segno di rispetto o per salutare. ***3.*** Individuo, unità in un complesso di animali o di cose: *c. di bestiame*; *un bel c. di selvaggina*, un bell'esemplare; *c. di vestiario, di corredo*; *fune, canapo a tre c.*, formati da tre fili attorti insieme ♦ Lo stesso, ma meno com., che *capitolo*, per indicare ciascuna delle divisioni di un libro ♦ *C. d'accusa*, ogni singolo fatto che costituisce violazione di norme penali, unità d'imputazione ~ *Per sommi capi*, succintamente. ***4.*** Persona al vertice di un'organizzazione, di una gerarchia: *il c. dello stato*; *il c. del partito*; *c. storico*, ispiratore o fondatore di movimenti, spec. politici, dotato di carisma ♦ Qualifica gerarchica sia come primo elemento di composizione (*capostazione, capomacchinista, capufficio*) sia posposto al nome (*redattore c., ispettore c., segretario c.*); in marina, il grado più elevato dei sottufficiali: *c. cannoniere*. ***5.*** La parte superiore: *in c. alla scala*; *a c. della pagina*; ***più com.***, ciascuna delle due parti terminali di un oggetto che si estende in lunghezza: *al c. della fune*; *a c. del letto*, dove si poggia la testa; *a c. di tavola* (più com. *a capotavola*), al posto d'onore; *andare in c. al mondo*, in luoghi lontanissimi ♦ ***fig.*** Punto di partenza o d'inizio: *c. d'anno* (più com. la grafia unita *capodanno*); *discorsi senza c. né coda*, sconclusionati, senza nesso; *andare a c.*; *punto e a c.*; *essere punto e a c.*, non aver concluso nulla, dover ricominciare; *far c.*, immettere, sboccare (*la strada fa c. alla piazza S. Marco*); *fare c. a qualcuno*, farvi riferimento, spec. per aiuto e consiglio (*per i problemi tecnici faccia capo al nostro ingegnere*); *venire a c. di qualcosa*, riuscire a finirla, a risolverla, concludere; *in c. a un mese, a una settimana*, entro un mese, una settimana. ***6.*** La parte più grossa e sporgente di un oggetto, spec. se tonda: *il c. di uno spillo, di un chiodo*; *c. d'aglio*, il bulbo ♦ In geografia, sporgenza di terraferma sul mare, spesso di un certo rilievo altimetrico, dovuta alla resistenza opposta da formazioni rocciose all'azione erosiva delle onde del mare: *C. Miseno, C. Spartivento, C. di Buona Speranza*. [Lat. *caput*].

da «Il dizionario della lingua italiana», di G. Devoto / G.C. Oli (Le Monnier, Firenze 1990)

11) *La gestualità nel testo scritto*

a) Nel seguente articolo, si fa riferimento a un gesto in senso metaforico, cioè per esprimere il concetto corrispondente, non il gesto reale. Trovate e sottolineate il gesto in questione, scrivendo poi:

— il numero del gesto corrispondente, in base alla lista della prima parte del libro;
— un'altra espressione con lo stesso significato che potrebbe sostituirsi a quella che avete sottolineato nel testo;
— il concetto espresso (p. es.: ammonimento, intesa, minaccia, augurio, ecc.).

DA "ULTRALUCIDO A "PASSAPAROLA": ECCO I NUOVI MESSAGGI DELLA PUBBLICITÀ

Molte cose sono cambiate nel messaggio pubblicitario in questi anni. Lo dimostrano sia il nuovo linguaggio sia la rapidità degli spot in televisione. Vediamo perché

di Anna Aprea

Se è vero che mutano velocemente i codici espressivi della società, se è vero che in fatto di valori le certezze di ieri diventano dubbi di oggi, se è vero che i consumi si trasformano modificando le abitudini di acquisto, non è escluso che anche la pubblicità (che ha il compito di indirizzare le decisioni dei consumatori) si adegui, si integri e spesso anticipi i grandi mutamenti, cercando nuovi modi di catturare l'attenzione.

Vediamo come: negli anni cinquanta Carosello bastava da solo a rassicurare i consumatori che se avessero comprato un prodotto piuttosto che un altro avrebbero trovato un mondo di felicità. Una saponetta o un profumo potevano essere intermediari di una storia d'amore; un detersivo, quello giusto, poteva assicurare alle massaie il primato sul bucato dei vicini; un prodotto per pulire i vetri avrebbe trasformato la grigia realtà di una periferia metropolitana in un eden; e ancora, un pacchettino di cracker, debitamente usato al posto del pane, avrebbe modificato normalissimi uomini e donne in atleti di successo o in vere e proprie covergirl.

Un miracolismo a cui oggi non crede piú nessuno: perciò, finita l'era delle favole belle e bugiarde, del teatrino che inchiodava le famiglie davanti alla Tv, abbandonato il tono imperativo degli slogan («comprate», «sceglíete», «fate»), delle promesse inverosimili («diventerete più magri», «più belli», «più forti»), scomparsi dalla grammatica gli aggettivi gonfiati («extraforte», «ultralucido», «insuperabile»), la pubblicità lentamente cambia tono: non consiglia apertamente ma suggerisce sotto voce («sarò la tua birra...»), cerca di capire la complicità del pubblico («Perlana. Passaparola»), asseconda in definitiva la sua incredulità. In altre parole si pone, scopertamente e senza trucchi, come pubblicità. Lega il pubblico al prodotto con una strizzatina d'occhi, un filo di simpatia e di ironia (chi non ricorda il manifesto con il bambino «esibizionista» che pubblicizzava i pannolini Lines?).

È come se la pubblicità avesse in questi anni creato una specie di silenzioso contratto con i consumatori basato più sulla valutazione della forma («non mi piaci se sei noioso», «mi piaci se sei divertente») che sui contenuti. Il perché di questi cambiamenti di rotta è evidente: la pubblicità, soprattutto quella televisiva, riflette sempre più i mutamenti del linguaggio e delle situazioni sociali (la popolazione è infatti frammentata in una miriade di tipi e perciò i messaggi non sono rivolti a un generico consumatore ma a «parti» di esso), riflette sempre più la velocità delle comunicazioni, la diversa scansione del tempo in cui oggi disordinatamente e senza pause accumuliano esperienze, conoscenze, possibilità.

da «Amica», 9.4.1986

Gesto n. ________

Espressione con lo stesso significato:

____

Concetto espresso: ____________

b) Nei seguenti brani (tratti da giornali o da testi letterari) sottolineate le parole che fanno riferimento a dei gesti e individuate, fra i gesti elencati nella prima parte del libro, quelli corrispondenti (attenzione all'atto comunicativo che esprimono in base al contesto!). A fianco di ogni brano troverete una lettera (A - B - C - D - E - F) che vi aiuterà a individuare il gesto:

A) l'autore descrive dettagliatamente il gesto, senza spiegarne il significato;

B) l'autore descrive dettagliatamente il gesto e ne spiega anche il significato;

C) l'autore descrive dettagliatamente il gesto, mentre il significato è spiegato dalle parole del personaggio;

D) l'autore accenna genericamente al gesto, senza spiegarne il significato;

E) l'autore accenna genericamente al gesto e ne spiega il significato;

F) l'autore accenna genericamente al gesto, mentre il significato è spiegato dalle parole del personaggio;

G) l'autore non indica affatto il gesto, ma ne spiega il significato.

1) Gesto n. ________ (D)

Contro corrente

Ieri, durante la visita a Londra, Barbara Bush ha fatto un elegante baciamano a Denis Thatcher, consorte della «signora di ferro». Tutti hanno pensato ad un errore, ma si sbagliano: la «first lady» americana quando si è trovata di fronte i coniugi Thatcher, ha capito subito chi era l'uomo.

L'inconsueto baciamano di Barbara Bush a Denis Thatcher.

da «Il Giornale», 2.6.1989

2) Gesto n. ________ (A)

Fa le corna e spara all'autista di un autobus

NAPOLI — Solleva fuori del finestrino indice e mignolo tesi all'indirizzo di un autista degli autobus comunali che aveva stretto la sua Mercedes-coupè ad un semaforo; al conducente non gli sta bene e vuole spiegazioni. Con il grosso mezzo rincorre l'elegante due posti ma ha a che fare con un guappo: per tutta risposta, questi gli punta contro la pistola e spara. Il colpo ha sfiorato il malcapitato. L'episodio è avvenuto l'altra sera alle 21,30 a Napoli. Il delinquente è stato arrestato.

da «La Nazione», 10.9.1985

3) Gesto n.________ (D)
Gesto n.________ (D)

Un solo giornalista italiano ammesso sul volo della Lybian Airways

«Così ho volato fino a Tripoli»

Questo servizio è stato telefonato ieri pomeriggio all'Ansa da Mario Gazzeri, unico giornalista italiano che ha potuto raggiungere Tripoli sul volo della Lybian Airways partito da Roma.

Tripoli — Incrociando le dita partiamo dunque per Tripoli, dopo 18 ore di attesa a Fiumicino col primo volo diretto alla capitale libica, dopo il bombardamento americano di 4 giorni fa. In quota incontriamo subito turbolenza ma non è questa la preoccupazione maggiore dello sparuto gruppo di giornalisti europei che sono riusciti ad ottenere il visto. Giù in mare, sotto le nuvole, incrocia la VI Flotta e a Tripoli non sappiamo cosa troveremo. La situazione è confusa. Lo scalo tripolino ieri era stato chiuso per alcune ore per il timore di un attentato e ad aumentare l'apprensione erano poi giunte le notizie del mancato attentato a Heatrow.

Tra inviati svedesi, svizzeri, francesi, olandesi e spagnoli l'unico italiano del gruppo accoglie le prime impressioni. I colleghi sono tutti contrari all'incursione americana e molti ritengono che la pericolosa partita Reagan-Gheddafi non sia conclusa. Accanto a me, nel Boeing 727 delle Lybian Airways, siede un diplomatico irlandese che si reca a Tripoli per raccogliere informazioni sui 300 suoi connazionali che lavoravano in Libia. Dopo un'ora di volo siamo affiancati da due caccia italiani che ci scortano per una decina di minuti.

Quello di destra si accosta sensibilmente al Boeing e noi riusciamo a distinguere il casco bianco e il volto del pilota. A bordo spuntano le Nikon. Il più lesto a scattare è forse Robin, il giovane fotografo della France Presse.

Passa un quarto d'ora e il pilota comunica di avere avvisato dei Phantom americani. Gran confusione a bordo, ma dagli oblò non vediamo nulla.

Ore 13,45: il Boeing buca il fitto strato di nubi e comincia la manovra di avvicinamento a Tripoli. Sotto di noi ora vediamo l'arida terra rossa del deserto libico e, in lontananza, le prime case di Tripoli. Altri 10 minuti ed atterriamo.

Ore 14: Tocchiamo terra. A bordo si leva un lungo applauso.

da «Il Giornale», 19.4.1986

Spot pubblicitari: di fronte alla volgarità non si è vaccinati

L'amaro «Tiè»[1] della signora Spot

La signora è, come dire, un po' matura, ma ha il fisico asciutto e armonioso della padrona che, pur non potendosi più permettere le cure assidue di schiave fedeli, sfrutta appieno le risorse della cosmesi e della palestra risanatrice. La circonda un'aura rassicurante di reddito medio-alto, ma non c'è in lei nulla che faccia pensare allo scialo, all'ostentazione, alla spesa inconsulta. È sobriamente vestita, la scelta dei toni è adeguata alla stagione, alla consapevolezza di chi ha doppiato il capo della gioventù senza, tuttavia, darsi per vinta. La vecchia guardia non s'arrende, la sera serba talvolta palpiti che il meriggio nega.

La signora non ha nulla di languidamente mediterraneo, nella figura e negli atteggiamenti. Si vede subito che è un tipo pratico, moderno, *indipendente, deve avere ascendenze svizzero-tedesche. Ma ha un problema: ha una cura estrema per i particolari e, preparandosi ad uscire, vorrebbe portare un orologio che s'intonasse con abito e accessori. Le sue conoscenti meno furbe possiedono diversi orologi, ma lei ne ha uno solo con i cinturini intercambiabili, sicché, dopo averci pensato un poco, sceglie la fascetta più adatta alla* mise, *la monta con rapidi gesti e contempla, infine, il mirabile effetto estetico. È vivamente compiaciuta, per due buoni motivi: primo, le è stato sufficiente acquistare un solo orologio; secondo, dispone di un gamma straordinaria di cinturini che la fanno sentire sempre a suo agio. E per rendere esplicita la sua soddisfazione si abbandona a un gesto brusco: fa, come si suol dire, manichetto. La mimica vigorosa è dedicata ai cattivi produttori di orologi che vorrebbero indurre le signore eleganti ma econome ad acquisti multipli di cronografi.*

Per la migliore comprensione dei lettori, precisiamo che il manichetto è la figura non proprio retorica che si ottiene poggiano con energia il taglio della mano sinistra nell'incavo del gomito della destra e sollevando nel contempo, con eguale energia, l'avambraccio attaccato al gomito suddetto e stringendo il pugno corrispondente. Con opportuna sincronia, all'esecuzione del movimento fa unita un'energica espressione verbale: può essere un semplice «Tiè» — è quello che usa la signora svizzero-tedesca — ma si può arrivare a più colorite implicazioni per le madri e i defunti consanguinei delle persone cui il gesto è diretto.

Questa figurazione ginnico-insultante è decisamente volgare ed è vivamente sconsigliata da tutti i manuali di buone maniere. Non staremmo neanche a parlarne se la scena che abbiamo prima descritto (la signora che fa «Tiè») non costituisse l'essenza di uno «spot» pubblicitario che da qualche settimana ci perseguita. Quel gesto volgare ci insegue e ci sorprende, tuttavia, ogni volta. Di fronte alla volgarità non si è mai completamente vaccinati: per quanto trucidi e sordidi possano essere i sentieri visti o attraversati, si rimane sempre indifesi di fronte a una signora distinta che fa manichetto nelle ore torpide della televisione. È uno schiaffo, uno sberleffo.

Qualche femminista d'assalto protesterà rivendicando anche alle donne il diritto alla volgarità, ma l'effetto traumatico dello spot rimane. E, probabilmente, anche la sua efficacia. Non disponiamo di dati certi, ma forse questo messaggio pubblicitario ha indotto all'acquisto di quell'orologio e dei relativi cinturini migliaia e migliaia di casalinghe, che non fanno manichetto soltanto perché nessuna telecamera le riprende.

Le vie della persuasione sono infinite. E i pubblicitari le conoscono bene. Padroneggiano sociologia e psicologia e riescono a scendere nella parte più segreta dell'animo nostro, quella in cui si formulano i budget *di spesa. Di noi sanno tutto: capiscono che moriamo dalla voglia di fare la dichiarazione d'amore a una birra, che siamo pronti a rubare un fiore o a serbare in tasca un maccherone crudo; che portiamo via il tonno ai bambini e abbiamo un cuore di panna. I pubblicitari sanno di averci in pugno e osano sempre di più. Ma nel loro delirio di onnipotenza cominciano a superare i limiti del buon senso e della convenienza. Non è prudente ricordare agli schiavi come si fa manichetto, fra un acquisto e l'altro.*

Salvatore Scarpino

da «Il Giornale», 22.6.1988

[1] La forma corretta è «tie'» con l'apostrofo (trattandosi di una elisione da «tieni») ma talvolta, come in questo caso, si trova anche la forma con l'accento: «tiè».

Cattivo gusto

Caro direttore,

tanto tuonò che piovve. Con progressivo crescendo la televisione, partita dai lassativi, dagli assorbenti per le donne e per chi soffre di incontinenza urinaria, è finalmente arrivata agli spot pubblicitari che materializzano, nelle immagini, la parola *osée* di Cambronne. Lo scopo è quello di reclamizzare un certo tipo di carta igienica, la materializzazione consiste nell'eloquentissimo disegno di una volpe, ovviamente scura, acciambellata su se stessa e con una lunga coda. Il sottofondo «audio» offre la voce suadente di un uomo che, chiuso in un W.C., elenca le carezzevoli qualità del prodotto.

Lo spot, quando io l'ho visto trasmettere dalla Rai (può darsi, però, che appartenga anche al repertorio pubblicitario delle Tv private) è andato in onda mentre stavo cenando con mia moglie e i miei due bambini i quali, fulminei, hanno identificato la volpe con la popò. Le assicuro che i succhi gastrici della famiglia non ne sono stati stimolati.

Sono un uomo che non va tanto per il sottile e che, con rassegnate scrollate di spalle, accetta la maggior parte delle cose proposte o imposte da questi nostri tempi. Tuttavia le chiedo e mi chiedo, carò direttore: la decenza e il buon gusto hanno ancora un limite!

Vladimiro Costantini
Bologna

Caro Costantini,

la parola di Cambronne non fu osée, *fu lo splendido sigillo al testamento di un vecchio soldato sconfitto. Non degradi di virile empito del generale di Napoleone: il suo «merde» suonò a Waterloo come uno schiaffo in faccia al nemico; per gli ideatori dello spot di cui mi dice — e che io, per mia fortuna, non ho ancora visto — vuol essere una stuzzicante trovatina pubblicitaria.*

Non credo che si tratti di coprofilia, né che il talento dei propagandisti di un prodotto tanto utile quando «delicato», come la carta igienica, abbia per obbiettivo gli infimi istinti di taluni consumatori. Pretendono soltanto (loro sì, altro che Cambronne) essere osée *non comprendendo, gli sciagurati, che possono piuttosto aspirare al Guinness del cattivo gusto. Per di più, se ci sono persone come lei, e credo ce ne siano tante, che si sentono nauseate da così poco edificanti immagini, quei genii hanno provocato l'effetto opposto a quello che speravano di ottenere.*

Lei mi domanda se la decenza ha ancora un senso. Certo che lo ha, caro Costantini: i suoi confini sono elastici, ma il caso della «volpe scura» non mi pare proprio che lasci adito a dubbi.

da «Il Giornale», 14.5.1986

6) Gesto n. ________ (E)

Bravata di un gruppo di ragazzi dell'Aquila

Sei studenti in gita imitano «Amici miei» Sospesi e denunciati

L'Aquila — La scena dei sederi mostrati in «Amici miei atto III», che ha provocato un fiume di risate nelle sale cinematografiche, è stata ripetuta da sei studenti aquilani ai quali però, la bravata è costata sette giorni di sospensione e una denuncia per atti osceni.

Ecco i fatti. È la sera del 27 aprile, al casello autostradale di Fano Romano c'è una lunghissima coda di automobili e pullman, su uno di questi viaggiano gli studenti delle classi «terza A» e «terza E» dell'Istituto tecnico commerciale dell'Aquila. Tornano da una gita di tre giorni a Firenze, Siena e Isola d'Elba, sono stanchi. Per uscire dal torpore, sei studenti che occupano l'ultima fila dell'autobus decidono di fare uno scherzo ai passeggeri di un torpedone che è dietro di loro. Si alzano, salgono sui sedili, si girano e poi calano pantaloni e slip.

I passeggeri del secondo autobus si indignano, qualcuno tira fuori la macchina fotografica e immortala la scena; poi si avverte la polizia che blocca il pullman di studenti aquilani. Alla vista degli agenti, le due professoresse che guidano la comitiva restano sorprese perché non s'erano accorte di nulla.

Sono gli stessi ragazzi a farsi avanti e a confessare il «misfatto». Al ritorno all'Aquila, viene convocato il consiglio d'istituto che decide all'unanimità: «Sette giorni di sospensione». «Gli studenti — ci ha detto il preside, professor Gabriele Fiorenza — ci sono rimasti male soprattutto per la reazione di chi li ha denunciati. Pensavano di fare uno scherzo innocente».

Ieri, scaduti i sette giorni di sospensione, gli studenti sono tornati in classe. «Erano molto afflitti», ha commentato il preside. Qualche loro compagno gli ha dato pacche sulle spalle in segno di solidarietà; i genitori non sono stati però altrettanto comprensivi, anche perché del provvedimento disciplinare si potrebbe tener conto in sede di scrutinio finale.

t.b.

da «Il Giornale», 14.5.1986

7) Gesto n. ________ (B)

Allucinante raptus di follia a Siracusa

Strangola la moglie mentre fanno l'amore

Siracusa — Come in un film le sequenze dell'allucinante delitto si sono consumate in pochi secondi. Erano appena trascorse le 16.30 quando Alberto Renato, 38 anni, disoccupato, è schizzato fuori dal suo appartamento — al primo piano del civico 12 di via Immordini, un complesso di case popolari sorto da qualche anno nel cuore di Santa Panagia, uno dei rioni più densamente abitati di Siracusa —, raccontando in lacrime al suo più grande amico di aver ucciso la moglie, strangolandola a mani nude, proprio mentre stavano facendo l'amore. Lei, Santa Collura, 36 anni, originaria di Catania, giaceva ormai priva di vita completamente nuda sul letto, gli occhi sbarrati, la lingua ancora stretta fra i denti. Solo un asciugamano le copriva pietosamente il bacino ed una parte delle gambe.

Sullo sfondo del drammatico delitto, maturato in un ambiente familiare ormai saturo per via dei sempre più frequenti ed accesi contrasti e minato alla base da quella che era diventata un'autentica ossessione per l'uomo, cioè la sua sopravvenuta impotenza sessuale, che lo faceva sentire derivo da tutti, si muovono i quattro figli della giovane coppia: Francesco, il più grande, di 12 anni, Massimo di 10, ed una deliziosa coppia di gemelle, Tiziana e Veronica di appena 6 anni.

Quando il padre, che in passato aveva sofferto di gravi disturbi psichici e che era stato per questo anche sottoposto ad alcune cure specializzate, ha deciso di porre fine in maniera così violenta alla sua unione, tutti e quattro i figli erano in cortile dove stavano giocando, come ogni pomeriggio d'altronde, con i loro compagni. Non hanno praticamente sentito nulla, solo quando hanno visto la casa animarsi improvvisamente di polizia e carabinieri, il padre ha trovato la forza di raccontare loro una pietosa bugia. «La mamma sta poco bene — ha detto piangendo —, è stata portata in ospedale ma tra non molto tornerà a casa».

Il dramma si è consumato intorno alle 16.30. Santa Collura ed il marito erano a letto, si erano da poco riappacificati dopo l'ennesimo litigio che ormai sembrava scandire con metronomica precisione il trascorrere delle loro giornate. Cosa sia accaduto in quegli incredibili istanti, cosa abbia potuto far scattare nell'uomo, proprio in quel momento di tenerezza, la molla omicida, rimane ancora un mistero. Secondo una prima versione, che comunque attende ancora precisi riscontri, la donna sembra che ad un certo punto, vinta dal gran caldo, si sia passata la mano sulla fronte sfiorandosi appena un orecchio. In questo involontario gesto Alberto Renato avrebbe «letto» un preciso riferimento alla sua impotenza: questo avrebbe scatenato l'irrefrenabile raptus omicida.

Compiuto il brutale delitto, l'uomo è quindi uscito di corsa dal suo appartamento andando ad invocare l'aiuto del suo più caro amico, e vicino di casa, Giuseppe Mirmina. «Vieni presto, ti scongiuro — gli ha detto —. Vieni con me. Forse ho ammazzato mia moglie». I due a questo punto sono rientrati nell'appartamento giusto in tempo per rendersi conto di quale immane tragedia si fosse consumata. La prima preoccupazione è stata per i quattro piccoli figli, affidati alle cure di una vicina.

Aldo Mantineo

da «Il Giornale», 21.8.1988

8) Gesto n. _______ (D)

TOTIP

Getta via 91 milioni

AREZZO — Roba da mordersi le dita per un anno intero. Vince 91 milioni al Totip, ma si dimentica di compilare la terza parte della schedina, quella che va nella cassaforte del notaio. Così lo spoglio delle schede registra la vincita, il successivo controllo la vanifica. Il milionario mancato è un anonimo signore di Capolona, un paese alle porte del Casentino. Aveva giocato due colonne al Totip, 1000 lire di spesa, alla ricevitoria del bar della Stazione di Capolona. E proprio al bar, ieri mattina, era giunta la telefonata del Totip, con l'annuncio della copiosa vincita. Si frega invece le mani un ignoto sistemista di S. Giovanni Valdarno. Con una schedina Totip costata 10mila 500 lire, ha intascato 125 milioni.

[S. R.]

da «La Nazione», 14.6.1988

9) Gesto n. _______ (E)

Gesto n. _______ (E)

Parole d'estate: preferite il «lei» o il «tu»?

LUCIANO SATTA

Sì, figuriamoci se il vacanziere legge il presente pezzullo, una volta che ne abbia adocchiato l'argomento. Che a proposito di adocchiare e di occhio è questo: se dal padrone e dai camerieri dell'albergo e del ristorante al mare o in montagna, dal bagnino o dalla guida alpina, dal giornalaio o dal gestore del night, preferite come saluto un accenno d'inchino o una strizzata d'occhio; fuor di traslato, se desiderate il lei o accettate di buon grado il tu. La domanda è suggerita anche dall'alterno comportamento della pubblicità vacanziera, che il problema deve sentirlo molto, se l'alternanza consiste nel predominio del tu sul lei, questo è indubbio, ma per il resto con un notevole altalenare tra il voi collettivo, autenticamente plurale e l'allocuzione per così dire neutra che per esempio in luogo del Vieni a tuffarti qui, *del* Venga a tuffarsi qui *e del* Venite a tuffarvi qui, *evitando l'esortazione diretta risolve la lusinga del richiamo con il verbo impersonale,* Ci si tuffa che è una bellezza, qui, *o con esclamazioni all'infinito, Oh, la bellezza di tuffarsi qui; si va insomma al distacco della descrizione, spoglia di ogni parvenza di dialogo.*

L'autorello di queste note sa bene l'efficacia propagandistica del tu, con un imperativo più baldanzoso e carico di sincerità, con alto tenore di fiducia; non disdegna la confidenza della seconda persona, né ha mai suggerito di far concorrenza alla fabbrica la cui motoretta ha il nome simpatico del saluto parallelo al tu con un'altra motoretta chiamata Riverisco. *Ma non nasconde una debole preferenza per il lei, vacanziero o no. Un invito turistico con il lei, oltre a eccellere per la fine rarità, impegna di più l'estensore del testo, forse lo obbliga a una maggiore coerenza formale e grammaticale. Si sono letti messaggi marini o montani che, cominciati con il voi collettivo, finivano con il tu, e poco è mancato che il lettore si domandasse sgomento se il prezzo di mezzo milione giornaliero valesse per quattro persone o sventuratamente solo per lui; peggio, qualche pagina di propaganda turistica comincia con la pacca del tu sorridente, ma passa alla durezza dell'infinito imperativale* (Scrivere, Telefonare) *quando è il momento di venire al sodo ossia al prezzo e ai dettagli del trattamento, come a dire «Ora non scherziamo più, giovanotto, gli affari sono affari». Ma la grammatica si intrufola nelle vacanze anche con i suoi aspetti più odiosi: qui di odioso c'è il sospetto che il lei sia evitato perché l'esortazione di terza persona usa, eccoci, le forme talvolta ardue del congiuntivo. Tuttavia il sospetto è ottimistico, e non vuol prendere nemmeno in considerazione l'eventualità di un* Venghi e si facci le vacanze sulla nostra spiaggia.

da «La Nazione», 22.7.1986

«Dentro» Milano, sei anni dopo

di LUCIO DALLA

Lucio Dalla in concerto: occhiali e «coppola»

«Milano vicino all'Europa/ Milano che banche e che cambi/ Milano a gambe aperte/ Milano che ride e si diverte/ Milano a teatro un olé da torero/ eccetera eccetera».

Forse quando ho scritto queste parole mi sentivo molto furbo. Infatti credevo di aver finalmente capito e bloccato, questa stranissima città lontana da ogni provincia, anche dalla sua.

Era il 1979 e stavo bevendo in un locale di via Montenapoleone, il «Blue In». Andavo spesso a mangiare la sera tardi, mi piaceva perché aveva un'aria proprio milanese. Si poteva incontrare il grande attore di teatro, come il piccolo-grande attore di avanspettacolo. Erano gli anni dove la polizia dava la caccia a Vallanzasca, lo cercavano dappertutto e, una sera, lo cercarono anche lì.

Suonava un bravissimo pianista-bar e cantava, anche, canzoni da night fuori dal mercato e dal tempo. Ogni tanto mi strizzava l'occhio, e io, per fargli piacere, buttavo giù un bicchiere di whisky (sono quasi astemio). Una notte incontrai al «Blue In» Albertazzi e la Proclemer, Alvaro Alvisi e un campione del mondo di golf.

Ero particolarmente e felicemente solo, quindi non possedevo niente e nessuno. Le luci del locale erano molto basse; sentivo la gente parlare e a molti mancava la «erre». O meglio, avevano la «erre» milanese. Al tavolo vicino al mio una signora molto elegante, parlando a bassa voce con il suo uomo, quasi piangendo diceva: forse non mi ami più.

Whisky e Rivera

Il pianista mi aveva strizzato l'occhio tre volte, quindi ero al terzo whisky. Tutto era pronto, la sala del «Blue In» sembrava la cabina di un jumbo che stava rollando. Una canzone di Bongusto fu il segnale: immediatamente le luci si abbassarono ancora, tutti si voltarono verso di me e il locale decollò.

Stavamo volando su Milano, io potevo tenere le mani fuori dal finestrino, tirare la coda ai piccioni di Piazza Duomo, vedere a San Siro Mazzola e Rivera con le facce da dopo-bambini, ferme nelle loro fotografie che erano anche le mie. I siciliani, i napoletani, Rocco, quando uscivano dalla palestra. I «Buon natale», i «Sciura qua», «Sciura là». Dato che il «jumbo Blue In» andava a vela, si poteva sentire benissimo i colpi secchi che da dietro le barricate del Teatro Beccaria, alcuni coraggiosi milanesi sparavano contro i soldati austriaci vestiti di bianco. La signora elegante smise di piangere e ascoltò, come se la vedesse, la voce del tenore che alla Scala cantava Verdi e il suono del sax di Coltrane che usciva dal Lirico. Fu a quel punto che tirai fuori la mia agenda, convinto di aver fermato Milano dentro di me. Scrissi così le parole della canzone. Mi faceva tenerezza pensare che, a quell'ora della notte, mentre stavo mettendo le mani sulla loro città, i milanesi stavano dormendo dentro le loro case, che erano più di tre milioni e respiravano tutti insieme e battevano i loro cuori dentro il letto.

Fine di un sogno

Certo che detto così, sembra veramente un'esagerazione. Ma a parte il fatto che a me piace esagerare, bisogna considerare che le cose, per fortuna, durano poco. Anche i momenti felici, o per lo meno la loro durata è l'attimo stesso in cui li vivi. Infatti è bastato che quella sera il pianista, particolarmente in vena — dopo che gli si era gonfiato l'occhio a forza di strizzarmelo con conseguente trincaggio di whisky da parte mia —, volendo strafare, è bastato, ripeto, intonasse una mia canzone. Si spaccò tutto. Il «jumbo Blue In», precipitò e la luce si accese, Milano ritornò dov'era prima, lontano da me e un poco ostile. Io e il mio mal di testa a cercare ancora una volta il modo per trovare un rapporto tranquillo con Milano stessa.

Non so perché dal periodo del «Blue In» (1978-79), non ho più cantato a Milano. Non è vero che fu per colpa di quella «molotov» che mi lanciarono sul palco al Castello Sforzesco. Non me ne accorsi nemmeno. Poi a tirarla fu un ragazzetto figlio di uno che si chiamava Lucio, anch'egli del 1943. C'era qualcosa anche di tenero in quel gesto.

Forse la vera ragione è che, a Milano, è sempre stato difficile trovare gli spazi per grandi adunate e, inoltre, di fare grandi adunate mi andava passando la voglia sempre più.

Vi fu due anni fa un concerto in Piazza del Duomo. C'erano centomila persone, ma non mi piacque. Passò in fretta. Non incontrai nessuno e nessuno mi disse «come stai».

Non sono venuto a Milano spesso anche perché ho smesso di fare dischi nel bellissimo castello di Carimate, e da tre anni lavoro alla Fonoprint di Bologna.

Sto scrivendo e sono in auto. Butto le parole lì, sull'agenda, e mi vien da ridere, gente: ho perso l'aereo per Parigi e con una Hertz «piombata» io e i miei collaboratori stiamo venendo a Milano per riprendere un altro aereo. Sembro, potrei essere, importante. Ma cos'è importante per me; cos'è importante per tutti noi! Io non sono niente. Torno a Milano da emigrante, come ci sono venuto, o per vedere com'è. Come quella volta che io e De Gregori organizzammo dieci concerti al Teatro dell'Arte. Eravamo agli inizi della nuova musica, di un nuovo modo di stare con la gente e col pubblico. Francesco era venuto a Milano anche, o forse, perché non c'era mai stato a lavorare. Io pure e, soprattutto, per lavorare con lui, per ascoltarlo tutte le sere e per imparare da lui quello che poi ho imparato: scrivere testi, eccetera. Ma nuovi sicuramente, oltre alle nostre canzoni (forse), eravamo noi, dal momento che desideravamo esserlo, anzi volevamo esserlo.

Era nuovo il desiderio di una canzone senza nevrosi, che nascesse dalla gente; che parlasse di loro e non di altri.

Dopo due giorni di teatro quasi vuoto, la gente capì tutto questo, scoprì che, a cantare quei giorni così difficili e splendidi, eravamo tutti insieme, ma soprattutto loro. E corse a riempire tutte le sere i teatri e i nostri cuori. Ora, fra qualche giorno, torno a Milano più contento e più vecchio che mai. Torno a veder com'è, perché non ci sono mai stato. Torno anche molto cambiato, migliorato o peggiorato, come Milano. Come tutte le città del mondo. Mi piacerebbe scrivere una nuova canzone su Milano di oggi. Nell'attesa corro a cantarci dentro e, vi saluto.

da «Il Corriere della Sera», 8.10.1983

11) Anche su questo Giselda avanzò il proprio parere, giudicando un'assurdità il mantenere certe formali differenze fra gente semplice, e fra ragazzi, poi, coi quali simili fanfaluche sarebbero cadute da sé. Erano cose da far ridere le galline. Al che Teresa, gettando il tovagliolo sopra la tavola, aveva risposto autoritaria che le galline erano padronissime di ridere ma che lei, in casa sua, faceva quello che credeva bene di fare. Ripeté un «mia» due volte guardando lei a grinta dura. Carolina non aveva fatto che ribadire la risposta della sorella segnando dei «sì» che andavano dal soffitto all'impianto e viceversa. E Niobe (...) scrollava e dimenava il capo perché Remo potesse capire che quella spesso spesso si levava male, col buco arrovesciato, come dice la gente del popolo a Firenze; e che non bisognava darle ascolto perché in quella casa contava quanto il due a briscola.

Gesto n. _____ (B)
Gesto n. _____ (B)

dal romanzo *Le sorelle Materassi*,
di Aldo Palazzeschi [1]

12) La direttrice, che ammirando il corredo della contessina era rimasta estatica per la squisitezza del lavoro, quando si fu alla baronessa non fu capace di contenersi oltre ed esplose, per le dimensioni insospettate di quelle camicie e di quelle mutande.
Quella era la biancheria che portavano le donne?
(...) «Voi poverette non ne avete colpa, lo so, nessuna colpa, fate bene a fare così, lo dovete fare, è la vostra professione, si capisce, ma se fossi uno di quei mariti e la moglie mi venisse davanti con simili vesti, prenderei un bastone...» Con la mano fece l'atto di picchiare a dovere.
(...) Teresa aveva strizzato l'occhio a Carolina per troncare il discorso e quella, corsa all'armadio, tirò fuori una pianeta già disegnata e incominciata a ricamare, e davanti alla quale l'amica andò in brodo di giuggiole.

Gesto n. _____ (C)
Gesto n. _____ (E)

dal romanzo *Le sorelle Materassi*,
di Aldo Palazzeschi

13) «(...) Lo sapevi che anche le donne fanno dei quadri? Pagano una ragazza per copiarla nuda. Ma perché non si mettono davanti allo specchio? Capirei se copiassero un uomo».

Gesto n. _____ (D)

---

[1] I edizione: Vallecchi, Firenze 1934.

«Magari ne copiano» disse Ginia.
«Non dico di no» disse Amelia, fermandosi davanti al portone, e strizzò l'occhio. «Ma certe modelle le pagano il doppio. Va' là che il mondo è bello perché è vario».

dal racconto *La bella estate*,
in *La bella estate*, di Cesare Pavese [2]

14) Sbucarono per una scala a chiocciola in un grande stanzone semibuio, che solo in fondo, da uno spacco di tende, prendeva un po' di luce fresca. Ginia, col cuore che batteva, s'era fermata sugli ultimi scalini. Amelia gridò forte «buon giorno» e camminò fino al centro, nella penombra, e dalle tende uscì un uomo — grasso e barbetta grigia — che disse, scrollando le mani: «Niente da fare, ragazze. Oggi scappo». Aveva indosso un camicione chiaro, che diventò giallo sporco quando lui, voltandosi, scostò un poco la tenda per far luce. «Quest'oggi, ragazze, il lavoro non serve. Ci vuol aria, quest'oggi».

Gesto n. _____ (F)

dal racconto *La bella estate*,
in *La bella estate*, di Cesare Pavese

15) Amelia saltò dalla sedia, si tolse il cappello, e ammiccò a Ginia.
«Perché non fa uno schizzo alla mia amica?» disse ridendo. «Non ha mai posato per nessuno».

Gesto n. _____ (D)

dal racconto *La bella estate*,
in *La bella estate*, di Cesare Pavese

16) Dopo un po', Ginia s'annoiava. Guardava Barbetta cancellare e rifare, gli vedeva la fronte concentrata, scambiò un sorriso con Amelia, ma s'annoiava. (...) Poi chiese forte: «Ti ha mai fatta a colori?».
Le rispose Barbetta: «I colori non si studiano. Entrano dalla finestra col sole. Non ci sono colori qua dentro».
«Si capisce» disse Amelia «È troppo avaro. Costan cari i colori».
«Fa' il piacere» gridò il vecchio «è che il colore va rispettato, e tu non sai neanche che cosa sia perché, tolto quel trucco, non sai di niente. Ne ha di più questa biondina».
Amelia alzò le spalle e non mosse la testa.

Gesto n. _____ (D)

dal racconto *La bella estate*,
in *La bella estate*, di Cesare Pavese

---

[2] I edizione: Einaudi, Torino 1949 (manoscritto del racconto «La bella estate» datato 2 marzo - 6 maggio 1940).

17) Amelia la prese a braccetto e disse: «Scherzavo». Poi, dopo un silenzio: «Non è più bello andare a spasso noi due che siamo donne e lo sappiamo, che guastarsi il sangue con dei maleducati che non han mai saputo che cos'è una ragazza e la prima che vedono le fanno il filo?» «Ma tu vai con Rodriguez» disse Ginia.
Amelia alzò le spalle e fece «pf». — Gesto n. _____ (F)

dal racconto *La bella estate*,
in *La bella estate*, di Cesare Pavese

18) Era ancora sull'ingresso quando Guido la vide, e allora lei gli andò incontro come se entrasse per caso. Mai come in quel momento Guido le aveva dato soggezione. Tra la gente che andava e veniva, Guido le tese la mano, continuando a parlare rivolto a Rodriguez. — Gesto n. _____ (D)

dal racconto *La bella estate*,
in *La bella estate*, di Cesare Pavese

19) «Ma nudo», disse Oreste «nel pantano ci stai?»
Confessai che ci stavo, ma col fiato in gola. «Mi sembra di fare un peccato», ammisi «forse è bello per questo». Oreste annuì sorridendo. Capii che eravamo ubriachi. «La prova», dissi ancora «è che sono cose che si fanno di nascosto». — Gesto n. _____ (D)

dal racconto *Il diavolo sulle colline*,
in *La bella estate*, di Cesare Pavese [3]

20) S'era fatta coraggio e mi chiese perché non ero andato alla festa. Quest'argomento interessò anche Rocco. Mi guardarono speranzosi, come origliassero.
«Non ci stavamo sul biroccio» tagliai.
Il vecchio Remo scosse il capo. «Troppa gente» borbottò «troppa». — Gesto n. _____ (F)

dal racconto *Il diavolo sulle colline*,
in *La bella estate*, di Cesare Pavese

21) D'un tratto un partigiano sbucò dalla soglia di un portone e la tirò dentro; le fece rovesciare metà delle brocche.
«Stupida, non lo vedi che sei sotto tiro».
«Sparano a quelli, mica a me».
«Credi che le pallottole siano saltaleoni?» — Gesto n. _____ (D)

---

[3] I edizione: Einaudi, Torino 1949 (manoscritto del racconto «Il diavolo sulle colline» datato 20 giugno - 4 ottobre 1948).

«Ma se siamo distanti metà piazza».
(...) Spararono, e Bob chiuse gli occhi (...). Questa volta i tre che caddero non dissero viva nulla, soltanto uno dei tre gridò «alalà, poi si udì una voce del gruppo dei partigiani, al centro della piazza, che cominciò una canzone, e si levò il coro.
(...) «Ti debbo lasciare, bella», disse Bob. «Dammi un altro sorso».
«Cosa ci facevi dietro la porta?» ella chiese, insospettita.
Egli posò la brocca per terra. «Stavo di sentinella», disse.
«A chi, a cosa? Ai muri?»
Ora Bob non era più sconvolto, strizzò l'occhio, ma il sinistro solamente, e rise, e aveva i denti bianchi e il sorriso che strappava i cuori alle ragazze di Sanfrediano.

da *Le ragazze di Sanfrediano*,
di Vasco Pratolini [4]

22) «E diciamoci francamente la verità», scattò un morino «quest'inglese di Bob incomincia a puzzare. Viene al biliardo e ci piglia i quattrini, sembra che le ragazze di Sanfrediano siano tutte sue, se esci con la fidanzata sei costretto a sentirti dire: "Impara da Bob a sceglierti le cravatte, a come si portano i vestiti, a come ci si pettina, a come si tiene la ballerina..." (...).
«Tutto bene», disse il primo che aveva parlato, «ma Bob da ora in avanti ci sta qui più di prima», e si mise un dito sotto la gola.

Gesto n. _____ (C)

da *Le ragazze di Sanfrediano*,
di Vasco Pratolini

23) Quello che sia avvenuto quella notte, nella camera di quel signore, non so; ma il giorno dopo, la mattina, Nella non si affacciò; né, dopo colazione, venne al solito luogo dei nostri convegni, presso la fontana. Così passarono tre o quattro giorni; e poi, un pomeriggio, la vidi finalmente, ma non sola: camminava per lo spiazzo, a fianco del malato, sorreggendolo; lui, un uomo di mezza età, biondiccio, pallido, molto alto, in pigiama, si appoggiava a lei circondandole le spalle con un braccio; e lei, amorevole e docile, lo teneva per la vita e misurava il passo su quello di lui. Rimasi attonito vedendoli; poi,

Gesto n. _____ (G)

[4] I edizione: Vallecchi, Firenze 1951 (manoscritto datato 1948).

come furono scomparsi dietro l'angolo della villa, mi voltai verso un cameriere che li osservava anche lui, dalla soglia di casa, e lui mi fece un gesto come per dire: «Se la intendono». Fingendomi indifferente, lo interrogai: venni così a sapere che, addirittura, si parlava nella villa che quel signore avesse intenzione di sposare Nella.

dal racconto *L'infermiera*,
in *Racconti romani*, di Alberto Moravia [5]

24) Come mi fu vicina, si fermò e io le dissi, tra triste e canzonatorio: «Sempre infermiera, eh, Nella... ma non dovevi sposarti?» E lei, con quell'aria placida e sorniona che già mi aveva fatto perdere la testa, sorridendo: «Chi t'ha raccontata questa bugia?... non te l'avevo detto che non volevo sposarmi e volevo continuare a fare l'infermiera?». Dissi: «La volpe e l'uva». Ci credereste? Lei mi guardò un momento e poi scosse il capo e rispose: «Lo sai che anche questo qui si è innamorato di me?... ma adesso non posso dirti tutto ... se vieni a lavorare qui, dopo parliamo... ho la finestra a pianterreno che dà sul giardino». Se ne andò, ma prima di andarsene, mi lanciò un'occhiata come per dire «Intesi, eh».

Gesto n. _____ (F)
Gesto n. _____ (G)

dal racconto *L'infermiera*,
in *Racconti romani*, di Alberto Moravia

25) Entrai nell'osteria che a quell'ora era deserta, andai a sedermi in un angolo in ombra e chiamai a bassa voce Gigi che stava dietro il banco leggendo il giornale. Lui venne e, come mi riconobbe, subito mi abbracciò, con spontaneità, ripetendo che era tanto contento di vedermi; e io mi sentii rincuorato perché, salvo la mamma, questo era il primo cristiano che al mio ritorno mi avesse dimostrato un po' di affetto.

Gesto n. _____ (F)

dal racconto *Arrivederci*,
in *Racconti romani*, di Alberto Moravia

26) Ripigliammo la strada di Roma. Ad un crocicchio una bella ragazza bionda ci fece un gesto per l'autostop. Dissi a Peppino:
«Ferma, prendiamola su con noi». Ma lui: «Fossi matto... non faccio salire nessuno... c'è il caso che mi rovini i sedili, e poi stiamo così bene insieme noi due, soli...».

Gesto n. _____ (G)

[5] I edizione: Fratelli Fabbri Ed., Milano 1954.

Non dissi nulla ma sentii che, il vino aiutando, ormai la mia antipatia era matura e alla prossima occasione non mi sarei più controllato.

dal racconto *Pignolo*,
in *Racconti romani*, di Alberto Moravia

27) Romolo mi guardava mangiare quasi con invidia, e non potei fare a meno di pensare che anche lui, quegli spaghetti, doveva permetterseli di rado. «Vuoi provarli?» proposi. Scosse la testa come per rifiutare, ma io ne presi una forchettata e gliela cacciai in bocca. Disse: «Sono buoni, non c'è che dire», come parlando a se stesso. — Gesto n. _____ (E)

dal racconto *Romolo e Remo*,
in *Racconti romani*, di Alberto Moravia

28) In cucina non ci si rigirava e la porta-finestra dava sul balconcino dove c'era il cesso. Mariarosa sedette su una seggiola, a gambe larghe, il grembo pieno di fagioli da capare; e io, posata la borsa sul pavimento, mi inginocchiai presso l'acquaio per fare la riparazione. Vidi subito che il tubo era marcio e che bisognava rimetterlo nuovo; e l'avvertii: «Guarda che bisogna rimettere il tubo nuovo ... te la senti di pagarlo?» — Gesto n. _____ (F)

«E l'amicizia?»

«E va bene» dissi con un sorriso, «te lo metto gratis ... vuol dire che in cambio mi darai un bacio».

«E l'amicizia?»

Mi morsi le labbra, pensando: «Amicizia a doppio taglio», ma non dissi nulla.

dal racconto *L'amicizia*,
in *Racconti romani*, di Alberto Moravia

29) Per il gran caldo mi ero quasi addormentato quando, tutto ad un tratto, il camion si ferma di botto, e il camionista grida: «Un aeroplano ... tutti nel fossato». L'aeroplano non si vedeva; ma si udiva molto vicino la voce del motore, rabbiosa, metallica, deragliante, punteggiata di scoppietti rauchi (...). Io dissi a Caterina: «Presto ... andiamo giù». Ma lei alzò le spalle e rispose cattiva: «Io resto qui». «Ma vieni» insistei; «vuoi morire?» «Non m'importa di morire». — Gesto n. _____ (F)

dal racconto *Caterina*,
in *Racconti romani*, di Alberto Moravia

30) Ada smise di girare la ruota appena le vide entrare, ma non disse nulla, limitandosi a sorridere timidamente.
La zia la baciò su una guancia. «Perché non vieni mai a trovarci?», le disse.
«State così lontane», si giustificò la ragazza.

Gesto n. _____ (D)

dal romanzo *Un cuore arido*,
di Carlo Cassola [6]

31) Affrettò il passo. Era arrivata al primo lampione, quando si sentì chiamare.
Una ragazza alta, coi capelli ossigenati e le labbra dipinte, le stava davanti. «Anna», le disse; e l'abbracciò.
Istintivamente si irrigidì. «Oh, ciao, Marisa», disse poi.
«Scusami, è tardi», fece Anna; e proseguì.

Gesto n. _____ (D)

dal romanzo *Un cuore arido*,
di Carlo Cassola

32) Era Lina, invece. Veniva a vedere se erano morte. In secondo luogo veniva a dire che il cappellano aveva avuto uno sbocco di sangue. Terzo: dal primo gennaio era assunta da quella ditta di spedizioni. Ora andava tutti i giorni a Cecina da quei suoi lontani parenti svizzeri che avevano la drogheria, per esercitarsi a battere a macchina. «Perché bisogna che diventi un'esperta dattilografa. Pensate, ragazze, sono felice come se... Eppure la mattina mi toccherà alzarmi alle cinque e mezzo. E la sera prima delle nove non sarò a casa. E un terzo del mensile mi andrà via per l'abbonamento ferroviario e quello del tram. Eppure sono felice! felice!» e batté le mani per manifestare questa felicità. «Mi è sempre piaciuta l'idea di lavorare, di diventare una donna indipendente... Altrimenti, se una non si sposa, che scopo ha nella vita?»

Gesto n. _____ (E)

dal romanzo *Un cuore arido*,
di Carlo Cassola

33) «Allora ciao, Enrico», disse Bice tendendogli la mano.
«Mi saluti così? Sono un vecchio amico; potresti anche darmi un bacio».
Bice si mise a ridere:
«Va bene, ti darò un bacio», e gli sfiorò la guancia, mentre lui l'abbracciava.

Gesto n. _____ (F)
Gesto n. _____ (D)
Gesto n. _____ (D)
Gesto n. _____ (G)

[6] I edizione: Einaudi, Torino 1961.

«Ciao, Biciona; stammi bene». La guardò che si allontanava, le fece ancora un cenno di saluto, poi si accese una sigaretta.

dal romanzo *Un cuore arido*,
di Carlo Cassola

34) La madre di Enrico lo guardò; poi, animandosi improvvisamente, batté le mani e gridò:
«Viva gli sposi!»

Gesto n. _____ (F)

dal romanzo *Un cuore arido*,
di Carlo Cassola

35) Il treno arrivò; Bice abbracciò l'ultima volta la zia e la sorella e corse dietro il marito. Le carrozze di seconda erano in fondo, e anche Anna, la zia e Lina dovettero mettersi a correre.
«Ma che ha fatto Livio? È salito anche lui?» disse la zia allarmata. «Ora se non si sbriga rimane in treno...». Infatti scese che il treno stava già ripartendo. Enrico e Bice erano affacciati al finestrino e salutavano agitando la mano... Fu in quel momento che le lacrime riempirono gli occhi di Anna. Continuava a salutare, ma non vedeva più nulla.

Gesto n. _____ (D)
Gesto n. _____ (E)

dal romanzo *Un cuore arido*,
di Carlo Cassola

36) La signorina Annie Molteri udì battere alla porta e andò ad aprire. Era il notaio dottor Alberto Fassi, vecchio amico. Lei notò che il suo soprabito era tutto bagnato, segno che fuori pioveva. Disse: «Oh, che piacere, caro dottor Fassi. Si accomodi, si accomodi». Lui sorridendo entrò e le tese la mano.

Gesto n. _____ (D)

dal racconto *Crescendo*,
in *Le notti difficili*, di Dino Buzzati [7]

37) Rognetta era sempre molto compito e usava, nell'andarsene, baciare la mano a mia madre. Quella sera bacian-

Gesto n. _____ (D)

[7] I edizione: Einaudi, Torino 1963.

dole la mano le disse che però si poteva sempre andare, forse, nel Madagascar.

dal romanzo *Lessico famigliare*, di Natalia Ginzburg [8]

38) «Look, look, the Côte d'Azur, the Pyramids, the Ionian Sea, the Sixtine Chapel!» gridavano intorno a me i passeggeri tra cui lo stesso Lord Nelvil e altri nobili scozzesi, inglesi, spagnoli, spencolandosi verso i finestrini. Ma io e Mr. Silvera ci scambiavamo dei sorrisi complici, ammiccavamo verso la hostess dai larghi fianchi, la quale poi non era altri che la Federhen e andava accumulando i bicchieri di carta in una precaria, altissima colonna ormai sul punto di crollare... Gesto n. _____ (D)

dal romanzo *L'amante senza fissa dimora*, di Carlo Fruttero e Franco Lucentini [9]

39) Accigliato, Oreste Nava esamina ancora una volta da capo a piedi il suo aiutante poi volge lo sguardo a Cesarino, l'infortunato maestro di casa, che siede in poltrona, faccia al televisore spento, col piede poggiato sopra uno sgabello e avvolto in una cospicua fasciatura. La camera ha il soffitto basso ma è molto spaziosa e arredata con solida, vecchiotta eleganza: stampe alle pareti, tappeti, e in un bel cache-pot di bronzo una rigogliosa aspidistra. Accanto all'alto letto di ferro è stata premurosamente sistemata una brandina, in modo che il povero Cesarino non abbia problemi di arrampicamento quando andrà a dormire. Gesto n. _____ (G)
Oreste Nava e Luigi sono saliti quassú per il riepilogo e il controllo finali, e ora Cesarino fa un cenno di approvazione.
«Può andare,» dice senza entusiasmo. «Come ti ci senti dentro?»
Luigi si dimena nella livrea al modo dei contorsionisti da fiera.
«Benone!» annuncia euforico.

dal romanzo *L'amante senza fissa dimora*, di Carlo Fruttero e Franco Lucentini

40) Rimettendo giù il telefono, mi trovai davanti la Federhen che si rinfilava in un candido mantellone da domenicana. Gesto n. _____ (E)

---

[8] I edizione: Mondadori, Milano 1971.
[9] I edizione: Mondadori, Milano 1986.

«Mystery man! Dangerous man!» mi ammonì col dito allontanandosi verso lo scalone.

dal romanzo *L'amante senza fissa dimora*,
di Carlo Fruttero e Franco Lucentini

41) La corpulenta coppia amburghese del 219 — che mantiene anche a Venezia l'abitudine del frühstück alle 12,30 — rientra con gli occhi un po' lustri per il Pinot grigio e gli abbondanti bigoli ingeriti. Ritirata la chiave, si avvia verso la dormitina pomeridiana che servirà a smaltire anche i troppi Tintoretto e Tiziano ammirati fino alla cecità. Il giovane Luigi corre a chiamargli l'ascensore con la speranza d'una mancia, non la riceve, e voltandosi con una smorfia a Oreste Nava sfrega contro l'indice il polpastrello del pollice, per segnalare antifrasticamente la sordida avarizia dei due. Gesto n. _____ (B)

dal romanzo *L'amante senza fissa dimora*,
di Carlo Fruttero e Franco Lucentini

42) «È perché dopo siamo a cena dai Fragiacomo. Vieni anche tu? Quando ho detto a Linuccia che c'eri, m'ha subito...» Gesto n. _____ (D)
«Non posso,» gorgheggiai, «ho un altro impegno. E anzi, vorrei sbrigarmi a parlare con Palmarin. Per questa storia di Padova lui m'ha detto che stasera avrebbe saputo se...»
«Niente,» disse Chiara «L'ho già visto io e dice che per domani è impossibile. Forse dopodomani, o sennò la settimana prossima. Ma non è voluto entrare in particolari ed è scappato via subito, ho avuto l'impressione che a spiegarsi con te non ci tenesse affatto.»
Alzai le spalle.
«Per forza. Se era una delle sue solite faccende campate in aria, adesso si vergogna di riconoscerlo. O pensi sempre che ci sia di mezzo la Federhen?»
«Non lo so, forse no. Piuttosto ho saputo un'altra cosa curiosa: pare che...»

dal romanzo *L'amante senza fissa dimora*,
di Carlo Fruttero e Franco Lucentini

43) Dallo scalone scende la signora francese del 128, che porta ripiegato sul braccio un indumento pesante e spettacolare, un biancastro montone brutalmente conciato, lungo fino a terra, che conserva all'interno i grezzi e aggrovi- Gesto n. _____ (B)

gliati bioccoli dell'animale. Ma un altro animale dal manto nerissimo (orso?) è stato usato per l'enorme colletto a scialle, che copre interamente le spalle e gran parte del davanti. Roba nordica, artica, del tutto sproporzionata al clima di qui e alla taglia piccola, minuta, della proprietaria; la quale ora, mentre Luigi le tiene aperta la porta, solleva a fatica il massiccio capo e comincia a infilarcisi dentro. Luigi si precipita in suo aiuto, ma la donna lo respinge arcigna, porta a termine la barcollante operazione da sola, trotta nanificata fino alla porta e se ne va. Luigi si guarda intorno con circospezione, poi si stringe rapidissimo il bicipite sinistro con la mano destra e alza di scatto l'avambraccio sinistro a indicare stupro sodomitico.

dal romanzo *L'amante senza fissa dimora*,
di Carlo Fruttero e Franco Lucentini

44) Oreste Nava volta in su il palmo, riunisce a punta le dita, e la sua mano oscilla su e giù a indicare commiserazione, a esprimere il platonico e sprezzante interrogativo: ma che cazzo vuoi capirne tu? — Gesto n. ______ (B)

dal romanzo *L'amante senza fissa dimora*,
di Carlo Fruttero e Franco Lucentini

SOLUZIONI

Gesti con più funzioni espressive

A. 1) Invitare ad allontanarsi (gesto 42)
   2) Indicare allontanamento (gesto 88)

B. 1) Invitare a fare attenzione (gesto 48)
   2) Indicare furbizia (gesto 79)

C. 1) Esprimere rammarico (gesto 22)
   2) Minacciare (gesto 55)

D. 1) Esprimere paura (gesto 36)
   2) Invitare alla concisione (gesto 50)

Il gesto nel dialogo

1) *Che me ne importa*! Gesto 19 (Passarsi la mano sotto il mento per esprimere indifferenza).

2) *Chi è Lei? Che cosa vuole? Chi la conosce*? Gesto 59 (Muovere la mano a borsa per accentuare il tono seccato di una domanda).

3) *Accidenti*! Gesto 20, 21 o 22 (Portarsi le mani alla testa, mordersi le labbra o la mano, per esprimere rammarico).

4) *Vittoria!* Gesto 17 (Fare le dita a «V» per esprimere soddisfazione).

5) *Via... dai...* Gesto 60 o 61 (Tenere o muovere le mani giunte per chiedere qualcosa con insistenza).

Eh, no. Gesto 63 o 64 (Muovere il viso da destra a sinistra o scuotere l'indice teso per rispondere in maniera negativa).

6) *Eh, ma non si fa così!* Gesto 51 (Muovere l'indice teso per ammonire).

Le foto dei giornali

1) Gesto 49 (Alzare il pollice per invitare a dare un passaggio).

2) Gesto 51 o 64 (Muovere o scuotere l'indice teso per ammonire o rispondere in maniera negativa).

3) Gesto 37 (Mettersi la mano sul cuore per giurare).

4) Gesto 24 (Alzare il pollice per esprimere approvazione).

5) Gesto 23 (Battere le mani per esprimere approvazione).

6) Gesto 17 (Fare le dita a «V» per esprimere soddisfazione per una vittoria).

7) Gesto 17 (Fare le dita a «V» per esprimere soddisfazione per una vittoria).

8) Gesto 60 o 61 (Tenere o muovere le mani giunte per domandare con insistenza).

9) Gesto 59 (Muovere la mano a borsa per rafforzare il tono di una domanda).

10) Gesto 71 (Tirare indietro le mani aperte per rispondere in maniera indifferente).

11) Gesto 38 (Baciarsi le dita incrociate per giurare).

12) Gesto 58 (Fare le corna verso l'alto per allontanare il male).

13) Gesto 90 o 98 (Fare lo scatto dell'avambraccio per indicare scampato pericolo o per insultare qualcuno).

14) Gesto 3 o 7 (Dare una stretta di mano per aprire o chiudere un contatto); 12 (Dare una stretta di mano per congraturlarsi).

15) Gesto 2 (Togliersi il cappello per salutare).

16) Gesto 58 (Fare le corna verso il basso per allontanare il male).

17) Gesto 100 (Fare marameo tirando fuori la lingua, per indicare lo scampato pericolo o per insultare qualcuno).

18) Gesto 17 (Fare le dita a «V» per esprimere soddisfazione per una vittoria).

19) Gesto 97 (Alzare la mano dal basso verso l'alto per insultare qualcuno).

La pubblicità

1) Gesti: 24, 25, 28 (Alzare il pollice, fare le dita ad anello e ruotare l'indice a vite sulla guancia per esprimere approvazione); 17 (Fare le dita a «V» per esprimere soddisfazione); 47 o 94 (Strizzare l'occhio per invitare a un accordo o per indicare un'intesa).

2) Gesto 59 (Muovere la mano a borsa per accentuare il tono indifferente di una domanda).

3) Gesto 25 (Fare le dita ad anello per esprimere approvazione: *La Panda è sempre OK*).

4) Gesto 25 (Fare le dita ad anello per esprimere approvazione).

5) Gesto 17 (Fare le dita a «V» per esprimere soddisfazione per una vittoria).

6) Gesto 2 (Togliersi il cappello per salutare).

7) Gesto 91 o 99 (Tirare fuori la lingua per indicare lo scampato pericolo o per insultare qualcuno).

8) Gesto 44 (Mettere l'indice davanti alla bocca per invitare a fare silenzio: *Non dirlo in giro...*).

9) Gesto 47 o 94 (Strizzare l'occhio per invitare a un accordo o per indicare intesa).

10) Gesto 44 (Mettere l'indice davanti alla bocca per invitare a fare silenzio: *Ssst!*).

11) Gesto 64 (Scuotere l'indice teso per rispondere in maniera negativa: *Noo...*).

12) Gesto 71 (Tirare indietro le mani aperte per rispondere in maniera indifferente: *Parere personale, eh!*).

13) Gesto 3 o 7 (Dare una stretta di mano per salutare, iniziando o chiudendo un contatto); 12 (Dare una stretta di mano per congratularsi).

14) Gesto 24 (Alzare il pollice per esprimere approvazione).

15) Gesto 49 (Alzare il pollice per invitare a dare un passaggio).

16) Gesto 44 (Mettere l'indice davanti alla bocca per invitare a fare silenzio: *Pssstt!!*).

Sfogliando il dizionario

a)

	Espressione corrispondente	Gesto n.
«Sono proprio stufo!»	«Ne ho fin sopra i capelli»	34
«Non lo sopporto!»	«Ce l'ho sullo stomaco!»	29

b)

intesa	strizzare l'occhio / fare l'occhiolino / fare l'occhietto
rassegnazione, impotenza, avvilimento	allargare le braccia / sentirsi cascar le braccia / chinare, abbassare il capo
indifferenza, noncuranza, impotenza di fronte a qualche difficoltà	alzare le spalle / stringersi nelle spalle
protezione, affetto	mettere una mano sulla spalla
indecisione, preoccupazione, perplessità	grattarsi il capo
rifiuto, protesta	incrociare le braccia
disapprovazione, compatimento	scuotere il capo
resa	alzare le braccia
rabbia, stizza, ira	mordersi le dita / agitare le braccia / mordersi le labbra
impazienza	agitare le braccia

La gestualità nel testo scritto

a) Espressione nel testo: *con una strizzatina d'occhi*
Gesto 94
b) Espressione con lo stesso significato: *con l'occhiolino*
Concetto espresso: *intesa.*

b)

1) Gesto 1 (D): *Barbara Bush ha fatto un elegante baciamano a Denis Thatcher.*

2) Gesto 52 (A): *Solleva fuori del finestrino indice e mignolo tesi all'indirizzo di un autista....*

3) Gesto 57 (D): *Incrociando le dita partiamo...*
Gesto 23 (D): *A bordo si leva un lungo applauso.*

4) Gesto 90 o 98 (B): *(La signora) si abbandona a un gesto brusco: fa, come si suol dire, manichetto. (...) Per la migliore comprensione dei lettori, precisiamo che il manichetto è la figura non proprio retorica che si ottiene poggiando con energia il taglio della mano sinistra nell'incavo del gomito della destra e sollevando nel contempo, con uguale energia, l'avambraccio attaccato al gomito suddetto e stringendo il pugno corrispondente.*

5) Gesto 70 (D): *... con rassegnate scrollate di spalle...*

6) Gesto 53 (E): *Qualche compagno gli ha dato pacche sulle spalle in segno di solidarietà.*

7) Gesto 72 (B): *... la donna sembra che a un certo punto, vinta dal gran caldo, si sia passata la mano sulla fronte sfiorandosi appena un orecchio. In questo involontario gesto, Alberto Renato avrebbe «letto» un preciso riferimento alla sua impotenza: questo avrebbe scatenato l'irrefrenabile raptus omicida.*

8) Gesto 22 (D): *Roba da mordersi le dita per un anno intero.*

9) Gesto 1 o 2 (E): *... preferite come saluto un accenno di inchino...*
Gesto 47 (E): *... o una strizzatina d'occhio.*

10) Gesto 47 (D): *Ogni tanto mi strizzava l'occhio e io, per fargli piacere, buttavo giù un bicchiere di whisky (...). Il pianista mi aveva strizzato l'occhio tre volte, quindi ero al terzo whisky. (...) dopo che gli si era gonfiato l'occhio a forza di strizzarmelo, con conseguente trincaggio di whisky da parte mia...*

11) Gesto 62 (B): *Carolina non aveva fatto altro che ribadire la risposta della sorella segnando dei «sì» che andavano dal soffitto all'impiantito e viceversa.*

12) Gesto 54 (C): *«... prenderei un bastone...». Con la mano fece l'atto di picchiare a dovere.*

Gesto 47 (E): *Teresa aveva strizzato l'occhio a Carolina per troncare il discorso.*

13) Gesto 94 (D): *...e strizzò l'occhio.*

14) Gesto 64 (F): *...disse, scrollando le mani: «Niente da fare, ragazze».*

15) Gesto 94 (D): *...ammiccò a Ginia.*

16) Gesto 70 (D): *Amelia alzò le spalle...*

17) Gesto 70 (F): *Amelia alzò le spalle e fece «pf».*

18) Gesto 3 (D): *Guido le tese la mano...*

19) Gesto 62 (D): *Oreste annuì sorridendo.*

20) Gesto 31 o 63 (F): *Il vecchio Remo scosse il capo. «Troppa gente...».*

21) Gesto 47 (D): *... strizzò l'occhio...*

22) Gesto 30 (C): *«... ma Bob da ora in avanti ci sta qui più di prima», e si mise un dito sotto la gola.*

23) Gesto 75 (G): *... e lui mi fece un gesto come per dire «Se la intendono».*

24) Gesto 31 o 63 (F): *... e poi scosse il capo e rispose: «Lo sai che anche questo qui si è innamorato di me?».*

Gesto 47 (G): *Se ne andò, ma prima di andarsene, mi lanciò un'occhiata come per dire «Intesi, eh».*

25) Gesto 5 (F): ... *subito mi abbracciò, con spontaneità, ripetendo che era tanto contento di vedermi.*

26) Gesto 49 (G): *Ad un crocicchio una bella ragazza bionda ci fece un gesto per l'autostop.*

27) Gesto 63 (E): *Scosse la testa come per rifiutare.*

28) Gesto 21 (F): *Mi morsi le labbra pensando: «Amicizia a doppio taglio».*

29) Gesto 70 (F): *Ma lei alzò le spalle e rispose cattiva: «Io resto qui».*

30) Gesto 6 (D): *La zia la baciò su una guancia.*

31) Gesto 5 (D): ... *e l'abbracciò.*

32) Gesto 23 (E): ... *e battè le mani per manifestare questa felicità.*

33) Gesto 7 (F): *«Allora ciao...» disse tendendogli la mano.*
Gesto 11 (D): ... *e gli sfiorò la guancia...*
Gesto 10 (D): ...*mentre lui l'abbracciava.*
Gesto 8 o 9 (G): ... *le fece ancora un cenno di saluto.*

34) Gesto 23 (F): ...*battè le mani e gridò: «Viva gli sposi!».*

35) Gesto 10 (D): ... *abbracciò l'ultima volta...*
Gesto 8 (E): ... *e salutavano agitando la mano.*

36) Gesto 3 (D): *Lui sorridendo entrò e le tese la mano.*

37) Gesto 1 (D) (gesto usato qui come segno di saluto, prima di accomiatarsi da qualcuno): ... *usava, nell'andarsene, baciare la mano a mia madre.*

38) Gesto 47 (D): *Ma io e Mr. Silvera... ammiccavamo verso la hostess dai larghi fianchi...*

39) Gesto 24, 25 o 26 (G): ... *e ora Cesarino fa un cenno di approvazione.*

40) Gesto 51 (E): ... *mi ammonì col dito...*

41) Gesto 96 (B): ... *sfrega contro l'indice il polpastrello del pollice, per segnalare antifrasticamente la sordida avarizia dei due.*

42) Gesto 70 (D): *Alzai le spalle.*

43) Gesto 98 (B): ... *si stringe rapidissimo il bicipite sinistro con la mano destra e alza di scatto l'avambraccio sinistro a indicare stupro sodomitico.*

44) Gesto 59 (B): ... *volta in su il palmo, riunisce a punta le dita, e la sua mano oscilla su e giù a indicare commiserazione, a esprimere il platonico e sprezzante interrogativo: ma che cazzo vuoi capirne tu?*

BIBLIOGRAFIA

ABERCROMBIE D., *Problems and Principles in Language Study*, Longman, London 1973 (in particolare il cap. VI).

ARGYLE M., *Bodily Communication*, Methuens, London 1975 (trad. it. *Il corpo e il suo linguaggio: studio sulla comunicazione non verbale*, Zanichelli, Bologna 1978).

BENTHALL J., POLHEMUS T. (a cura di), *The Body as a Medium of Expression*, Allen Lane, London 1975.

BIRDWITHSTELL R., *Introduction to Kinesics. An Annotation System for Analysis of Body Motion and Gesture*, University of Louisville Press, Lousville 1952.

BIRDWITHSTELL R., *Kinesics and Context*, University of Pennsylvania Press, Philadelphia 1970.

BOUISSAC P., *La mesure des gestes. Prolegomènes à la sémiotique gestuelle*, Mouton, The Hague 1968.

BOUISSAC P., HERZFELD M., POSNER R. (a cura di), *Iconicity: Essays on the Nature of Culture*, Stauffenburg, Tübingen 1986.

BRUN T., *The International Dictionary of Sign Language*, Wolfe, London 1969 (trad. it. *Il linguaggio dei gesti*, Longanesi, Milano 1976).

CARPITELLA D., *Discorso sul gesto*, in «Il Dramma» n. 1, 1979.

CASELLI C., RAMPELLI L.P., *LIS Lingua Italiana dei Segni*, in «Italiano e Oltre» n. 1, 1987.

CICOUREL A.V., BOESE R.J., *Manual Sign Language and Generative Semantics*, in «Semiotica» V, 1971.

CIV'JAN T.V., *La comunicazione gestuale e il suo posto fra gli altri sistemi della comunicazione umana*, in ECO U., FACCANI R. (a cura di), *I sistemi di segni e lo strutturalismo sovietico*, Bompiani, Milano 1969.

COCCHIARA G., *Il linguaggio del gesto*, Bocca, Torino 1932.

COSNIER J., *Gestes et stratégie conversationelle*, in «Stratégies discoursives», Presses Universitaires de Lyon, Lyon 1977.

CRESSWELL R., *Le geste manuel associé au langage*, in «Langages» n. 10, 1968.

D'ANGELO L., *How to be an Italian*, Price Sterne Sloane, Los Angeles 1969.

DE JORIO A., *La mimica degli antichi investigata nel gestire napoletano*, Associazione Napoletana per i Monumenti e il Paesaggio, Napoli 1832 [ristampa 1979].

DIADORI P., *Gestualità e insegnamento linguistico*, in «Italienisch» n. 19, 1988, e in «LEND» n. 3, 1989.

DUNCAN D.S., *Language, Paralanguage and Body Motion in the Structure of Conversation*, in: MC CORMACK W.C., WURM S.A. (a cura di), *Language and Man. Anthropological Issues*, Mouton, The Hague 1976.

Efron D., *Gesture and Environment*, King's Crown Press, New York 1941 (trad. it. *Gesto, razza e cultura*, Bompiani, Milano 1974).

Ekman P., Friesen W., *The Repertoire of Non-Verbal Behaviour*, in «Semiotica» n. 1, 1969.

Forconi A., *Le parole del corpo*, Sugarco, Milano 1988.

Hinde R.A. (a cura di), *Non-verbal Communication*, Cambridge University Press, Cambridge 1972 (trad. it. *La comunicazione non verbale*, Laterza, Bari 1977).

Jakobson R., *Gesti motori per il sì e il no*, in «VS» n. 1, 1971.

Jousse M., *L'anthropologie du geste*, Resma, Paris 1969 (trad. it. *L'antropologia del gesto*, Edizioni Paoline, Roma 1979).

Kendon A., *Some Relationships between Body Motion and Speech*, in: Siegman A., Pope B. (a cura di), *Studies in Dyadic Communication*, Pergamon Press, New York 1972.

Kendon A., Harris R., Key M. (a cura di), *Organization of Behaviour in Face-to-Face Interaction*, World Anthropology Series, Mouton, The Hague 1975.

Kendon A. (a cura di), *Nonverbal Communication, Interaction and Gesture*, Mouton, The Hague 1981.

Key M.R., *Paralinguistics and Kinesics. Nonverbal Communication*, Scarecrow, Metuchen New Jersey 1975.

Key M.R. (a cura di), *Nonverbal Communication Today: Current Research*, Mouton, The Hague 1982.

Klima E., Bellugi V., *The Signs of Language*, Harvard University Press, Cambridge (Mass.) 1979.

Kristeva J., *Le geste: pratique ou communication?*, in «Langages» n. 10, 1968.

Lamedica N., *Gesto e comunicazione. Verbale, non verbale, gestuale*, Liguori, Napoli 1987.

Lyall A., *Italian Sign Language*, in «20th Century» n. 159, 1956.

Magli P., *Corpo e linguaggio*, Espresso Strumenti, Roma 1980.

Meharabian A., *Non-Verbal Communication*, Aldine, Chicago 1972.

Morris D., *Manwatching. A Field Guide to Human Behaviour*, Jonathan Cape/Elsevier, London/Oxford 1977 (ediz. ital. *L'uomo e i suoi gesti*, A. Mondadori, Milano 1977).

Morris D., Collett P., Marsh P., O'Shaughnessy M., *Gestures*, Jonathan Cape, London 1979 (trad. it. *I gesti. Origini e diffusione*. A. Mondadori, Milano 1983).

Munari B., *Supplemento al Dizionario Italiano*, Muggiani, Milano 1963.

Peng F. (a cura di), *Language in a Semiotic Frame*, Special Issue of «Language Sciences» 6/2, 1984.

Poggi I., *Sguardi, gesti, parole*, in «Italiano e Oltre» n. 3, 1986.

Poggi I., Zomparelli M., *Lessico e grammatica nei gesti e nelle parole*, in: Poggi I. (a cura di), *Le parole nella testa. Guida a un'educazione linguistica cognitivista*, Il Mulino, Bologna 1987.

Poyatos F., *Gesture Inventoires: Fieldwork Methodology and Problems*, in «Semiotica» n. 13/2, 1975.

Poyatos F., *Language in the Context of Total Body Communication*, in «Linguistics» n. 168, 1976.

Poyatos F., *Man beyond Words: Theory and Methodology of Non-verbal Communication*, New York State English Council, Oswego 1976.

Poyatos F., *Coding and Functions of Non-verbal Communication in the Novel*, in «The Canadian Journal of Research in Semiotics» 3/2, 1976.

Poyatos F., *Verbal and Nonverbal Expression in Interaction: Research and Pedagogical Perspectives*, in: Nickle G. (a cura di), *Proceedings of the Fourth International Congress of Applied Linguistics*, vol. I, Hochschulverlag, Stuttgart 1976.

Poyatos F., *Kinesics in the Context of Culture and Interaction*, in: Pearson C., Hamilton-Faria H. (a cura di), *Proceedings of the First Meeting of the Semiotic Society of America*, George Institute of Technology, Atlanta 1979.

Poyatos F., *The Challenge of 'Total Body Communication' as an Interdisciplinary Field of Integrative Research*, in: Chatman S., Eco U., Klinkenberg J.M. (a cura di), *A Semiotic Landscape: Proceedings of the First International Congress of Semiotic Studies*, Mouton, The Hague 1979.

Poyatos F., *Interactive Functions and Limitations of Verbal and Nonverbal Behaviors in Natural Conversation*, in «Semiotica» n. 30, 3/4, 1980.

Poyatos F., *Towards a Typology of Somatic Signs*, in «Semiotic Inquiry» 1/2, 1982.

Poyatos F., *Language and Nonverbal Behavior in the Structure of Social Conversation*, in «Language Sciences» 4/2, 1982.

Poyatos F., *New Perspectives in Nonverbal Communication: Studies in Cultural Anthropology, Social Psycology, Linguistics, Literature and Semiotics*, Pergamon, Oxford 1983.

Poyatos F., *Language and Nonverbal Systems in the Structure of Face-to-Face Interaction*, in «Language and Communication» 4/2, 1983.

Poyatos F., *Nuevas perspectivas del discurso interactivo a través de los estudios de la comunicación no verbal*, in *Actas del Tercer Congreso de la Asociación Española de Linguistica Aplicada*, Universidad de Murcia, Murcia 1985.

Poyatos F. (a cura di), *Crosscultural Perspectives in Nonverbal Communication*, C.J. Hogrefe, Lewiston (N.Y.) / Toronto / Göttingen 1988.

Poyatos F., *Nonverbal Communication in Foreign-Language Teaching and Learning: A Theoretical and Methodological Approach*, in Helbo A. (a cura di), *Evaluation and Language Teaching*, Peter Lang, Frankfurt 1989.

Poyatos F., *Advances in Nonverbal Communication*, John Benjamins, Amsterdam 1991.

von Raffler-Engel W. (a cura di), *Aspects of Nonverbal Communication*, Swets & Zeitlinger, Lisse 1980.

Ricci Bitti P.E., Cortesi S., *Comportamento non verbale e comunicazione*, Il Mulino, Bologna 1977.

ROSA L.A., *Espressione e mimica*, Milano 1929 (con 300 schizzi di gesti italiani).

SEBEOK T.A., HAYES R., BATESON G. (a cura di), *Approaches to Semiotics*, Mouton, The Hague 1972.

SULGER F., *Les gestes verité*, Sand, 1986 (trad. it. *Gesti verità*, Armenia, Milano 1989).

TRAGER G.L., *Paralanguage: a First Approximation*, in: HYMES D. (a cura di), *Language in Culture and Society*, Harper and Row, New York 1964.

VENDRYES J., *Langage oral et langage par gestes*, in «Journal de psychologie normale et pathologique» n. 1, 1950.

VOLTERRA V. (a cura di), *I segni come parole*, Boringhieri, Torino 1981.

WIDDOWSON H.G., *Teaching Language as Communication*, Oxford University Press, Oxford 1978 (trad. it. *L'insegnamento delle lingue come comunicazione*, Zanichelli, Bologna 1982).

WOLFGANG A. (a cura di), *Nonverbal Behavior: Perspectives, Applications, Intercultural Insights*, C.J. Hogrefe, Lewiston (N.Y.) / Toronto 1984.

WUNDT W., *The Language of Gestures*, Mouton, The Hague 1973.

VIDEOCASSETTE:

CARPITELLA D., *Cinesica culturale 1: Napoli* (45'), Studio Luce, Roma 1973.

CARPITELLA D., *Cinesica culturale 2: Barbagia* (45'), Studio Luce, Roma 1974.

MILGRAM S., *Non-verbal Communication*, Harper and Row, New York 1976.

Annotazioni

Annotazioni

Annotazioni

Annotazioni

Annotazioni

Annotazioni

Annotazioni

L'italiano per stranieri

Amato • ***Mondo italiano***
testi autentici sulla realtà sociale e culturale italiana

Avitabile • ***Italian for the English-speaking***

Battaglia • ***Grammatica italiana per stranieri***

Battaglia • ***Gramática italiana para estudiantes de habla española***

Battaglia • ***Leggiamo e conversiamo***
letture italiane con esercizi per la conversazione

Battaglia e Varsi • ***Parole e immagini***
corso elementare di lingua italiana per principianti

Bettoni e Vicentini • ***Imparare dal vivo *****
lezioni di italiano - livello avanzato
manuale per l'allievo
chiavi per gli esercizi

Buttaroni • ***Letteratura al naturale***
autori italiani contemporanei
con attività di analisi linguistica

Cherubini • ***L'italiano per gli affari***

Diadori • ***Senza parole***
100 gesti degli italiani

Gruppo META • ***Uno***
corso comunicativo di italiano per stranieri - primo livello
libro dello studente
libro degli esercizi e sintesi di grammatica
guida per l'insegnante
3 audiocassette

Humphris, Luzi Catizone, Urbani • ***Comunicare meglio***
corso di italiano - livello intermedio
manuale per l'allievo
manuale per l'insegnante
4 audiocassette

Finito di stampare
nel mese di Giugno 1992
presso l'Editoriale Bortolazzi Stei
S. Giovanni Lupatoto - VERONA